JN119632

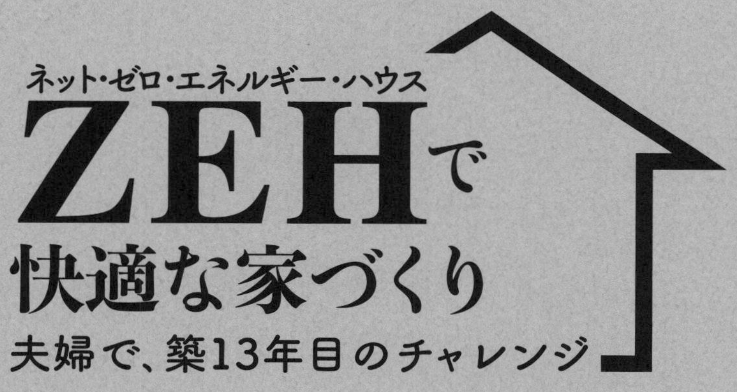

ネット・ゼロ・エネルギー・ハウス

ZEHで快適な家づくり

夫婦で、築13年目のチャレンジ

蘭田 徹弥　　蘭田 啓子

梓書院

春を迎えた我が家

充実してきた庭

庭をリビングから

シンボルツリー

2階の書道部屋

見上げるシーリングファン

トイレの装飾

孫たちの背比を記したダクト

あらゆる部屋に温湿度計を設置

２階から見降ろすリビング

情報発信基地としての書斎

１階屋根（上）と２階屋根（下）の
太陽光パネル

テスラ蓄電池

エコキュート

Ｖ２Ｈ

各種モニター

充電コンセント

ZEH（ネット・ゼロ・エネルギー・ハウス）で快適な家づくり

――夫婦で、築13年目のチャレンジ

薗田徹弥
薗田啓子

＊ 目次

はじめに 7

一 築十三年の「我が家」 12
一―一 うまくいったところ 12
一―二 まずかったところ 22
一―三 世の中が変わってきた 26
一―四 家の見直しの必要性 30
一―五 人生計画を改めて見直す 34

二 家はハーレムか凶器か 36
二―一 冬場の大敵ヒートショック 36
二―二 家の大敵 カビ、錆、シロアリ 40
二―三 人生百年、家も百年 42
二―四 家の快適さとは何かを求める 44
二―五 家、土地の価値の向上 46

三　時代とともに家も車も進化――50

三―一　車はＥＶ、家はＺＥＨの時代　50
三―二　家は魔法瓶か　58
三―三　技術革新がもたらす設備の省エネ度合　62
三―四　太陽光発電システムも家電化　66
三―五　住まい方もモニターで一目瞭然　70

四　ＺＥＨは人生のエンドハウス――76

四―一　我が家もＺＥＨへ　76
四―二　ＺＥＨとオール電化　86
四―三　ＺＥＨを体感　90
四―四　ＺＥＨで変わる人生観　98
四―五　地球環境を守るＺＥＨ　104
四―六　工務店の進めるＺＥＨ　106
四―七　社会の中のＺＥＨ　114
四―八　ＺＥＨは人生のエンドハウス　116

五　ＺＥＨを使いこなす　120
五―一　ＺＥＨで終わりではない　120
五―二　創った電気はまず自家消費　126
五―三　深夜電力は安くない、エコキュートの矛盾　132
五―四　ＺＥＨをもっと生かす　138
六　暮らしの中のＳＤＧｓ　142
六―一　ＺＥＨの先を目指す　142
六―二　社会問題への対処の試み　148
六―三　再生可能エネルギーの活用の取り組み　154
六―四　防災も視野、ＺＥＨの将来　162
六―五　生まれ変わった家とともに歩む人生　166
六―六　ＳＤＧｓは日々の暮らしの中に　168
おわりに　172
ＺＥＨ化のまとめ　176
我が家のＳＤＧｓ１００選　178

（夫）薗田 徹弥

林住期に入った元電気通信技術者のフリーランス。SDGs の理念に基づく人生を目指す。
最近になってサステナビリティ研究所を立ち上げ、その代表となる。

（妻）薗田 啓子

書道家で師範の資格保持者。木造無垢の家にこだわり緑をこよなく愛す自称アーティスト。
日本文化の伝承として書道教室を開設し子供達の育成を図る。

（娘）ＭＩＫＫＩ

夫婦の間に立って調整役を果たす。
仕事と家庭のバランスを図る大手家電メーカー社員。

本文イラスト　森 真理

はじめに

家づくりは一生もの、一度建てたらもうやり直しはきかない、背水の陣で建てた我が家でしたが、そうではありませんでした。

五十過ぎて建てても今や人生百年時代、先の長い人生において、社会環境は変わるし住む人間の考え方も変わります。もっと快適な家に住みたい、しかし建て替えるほどではない。世の中の技術の進歩には目を見張るものがあります。常に新しいものを取り入れて十年単位でどんどん設備など入れかえれば常に最先端の快適な家が得られるでしょうが、現実的にはあり得ません。

本書は、一度建てた家がどうすればもっといい家になるか、住みやすい家になるか、家づくりは一生に一度かもしれないがなんとか見直しもしたいと考えている方々にぜひ読んで頂きたいと考えています。

家を建てる建築技術も住まいを支える設備の進化も日進月歩、時間が経てば経つほどいいものが世の中に登場してきますが、自分の年の方は止まってくれません。人生百年時代、家も百年は使える時代になっています。長いお付き合いです。青春は人生の一時期を指すものではなく、前向きに夢を持ち続けることを指します。家も一度建てて終わりではなく、常に見直していくものだという青春に共感して頂ける方々に贈ります。

（妻）

「我が家にも太陽光をつけるぞ。」

新型コロナという言葉も未だ聞こえてこない二〇一九年のある日、突然夫がそのように言い出しました。最初は何のことか分からず黙って聞いていました。

我が家は天然木造ながら新築から十年以上経っていましたが、まだまだ新鮮で当初の無垢の木の香りこそ薄れていても、優しい木肌に囲まれ、静かな住宅街の中で安らかに過ごしていました。新築当初から、自分なりに庭造りをしてきましたので、和室からお茶を飲みながら庭の花や緑を見るのは至福の時間でした。

また二階では、私の特技を生かして書道教室を新築直後から開始し、日本伝統文化の継承に少しでも役立っていることに人生の満足感を覚えます。

太陽熱床暖房システムも取り入れた、当時では最先端の家で暖かく過ごせてきたと思っていますので、これ以上何もしたくない、もう家をいじるのは止めてほしい、というのが私の本音でした。若くないのだからあと何年この家に住むつもり？と言いたくもなりましたが、新築の時には私の思うままにやらせてもらったので、今度は夫の番かと、夫の好きなようにやってもらっても致し方ないかと、その後、具体的な話が進むにつれてそう思うようになりました。

確かに人でも会社でもいつも先を見て新しいことをやっておかないと、時代に乗り遅れたり陳腐化して将来が無くなります。家も同じでただ住むのではなくて、周りの環境や社会情勢に応じて住まい方を常に工夫する必要があると今回教えられました。

いいものを建ててもらってそれに安住するのではなくて、自分たちもこれをもっと活用する、活用の仕方を考える、それで自分たちの生活がもっと快適になる、社会貢献にもなる。そう考えると、日々何気なしに過ごせている家がいとおしくもなり、さらに愛着がわいてくるものと思います。家も家族の一員、一生のパートナーとしてお付き合いしていくことになりますね。

ライフワークとしての書道教室

（夫）

「我が国は、二〇五〇年までに、温室効果ガスの排出を全体としてゼロにする、すなわち二〇五〇年カーボンニュートラル、脱炭素社会の実現を目指すことを、ここに宣言いたします。」

当時の菅総理が二〇二〇年十月の臨時国会で所信表明演説した、その中のこの宣言は今後の日本の行く末を決定する大きなターニングポイントとなりました。世界的にも同じ傾向でこれから石炭石油などCO2を出す化石燃料が使えなくなり、太陽光発電、水力発電、風力発電など再生可能なエネルギーが主役となっていくということです。このことは私たちの生活にも大きなインパクトを持ってきます。これまで当たり前に使っていたガソリンエンジン車は電気自動車、水素自動車に置き換わり、石油ストーブ、ガスストーブも無くなって再生可能エネルギーから生み出された電気による暖房冷房器具しか使えなくなります。

しかし、単に使用するエネルギーを変えるだけでは到底、カーボンニュートラルを実現することは不可能です。エネルギーをできるだけ使わない、使う量を減らす省エネをこれまで以上に徹底し、さらに必要なエネルギーは自分で獲得する創エネがこれから大きな要素になってきます。私たちが昔から住んでいる家は多くが大量のエネルギーを必要とするように作られています。これからは家の構造も変革を迫られ、そこで使われるエネルギー消費設備も飛躍的にその効率向上が求められます。創エネも合理的なものでなければなりません。

新型コロナによっても社会環境が大きく変化しましたが、脱炭素社会と呼ばれる新しい時代に向かうグローバルな産業界はこれまでにない技術革新を求められ、これまでと異なる事業構造を要求されます。先行きが読めない混迷を深める国際社会からはエネルギー安全保障という新たな課題も突き付けられ、目に見えない大きなうねりがそこまでやってきています。

このような社会変革が想定される中では我々ができることは多くはありません。

二〇五〇年カーボンニュートラルに向けて何ができるか、築十三年を経た我が家についてその変革、進化にチャレンジしました。

2007 年新築の我が家（太陽光発電パネルは当初無し）

一　築十三年の「我が家」

一―一　うまくいったところ

娘（ＭＩＫＩ）

両親がそれまでの集合住宅から引っ越ししてきたのは二〇〇七年（平成十九年）も押し詰まった十二月でした。はや十三年以上が過ぎました。これまで十年以上住んでみての二人の感想です。（妻）家が四角の形に近いせいか、リビングを中心にしたレイアウトは最高ね。ダイニング、キッチン、洗面室・トイレ・浴室、和室、書斎、納戸がぐるりとリビングを取り囲むように配置されているので、リビングが廊下代わりのようになり、無駄が無いわ。二階への階段も子供がいる家庭では多くは一階の部屋を経由して上がるように配置され、キッチン辺りから子供の様子が分かるようになっているけど、我が家では二階の書道教室に来る子供たちが逆にプライベートなエリアを通らなくていいように、玄関から直ぐに階段を設けたのも特徴的ね。将来的に平屋のように使う計画が生きているわ。当初、我が家においでになったお客さんが一階の部屋を見渡して、二人で広過ぎないですかとよく言われたけど、一度もそう思ったことないよね。すべての部屋を使い切っているのと、リビング中心にあちこち行ったり来たりできて、新型コロナによる巣ごもりが多くなった昨今、この空間には改めて感謝する次第ね。

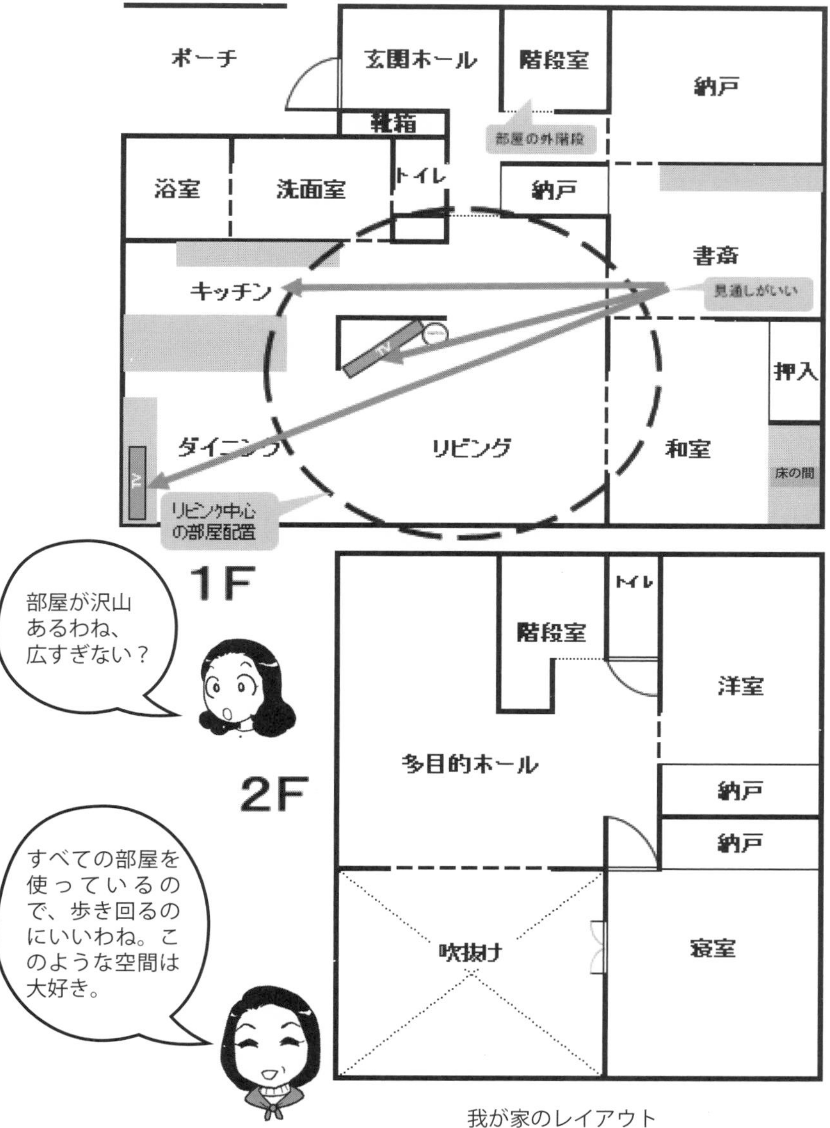
ポーチ
玄関ホール
階段室
納戸
靴箱
部屋の外階段
浴室
洗面室
トイレ
納戸
書斎
キッチン
見通しがいい
TV
押入
ダイニング
リビング
和室
床の間
TV
リビング中心
の部屋配置
1F
部屋が沢山
あるわね、
広すぎない？
トイレ
階段室
洋室
多目的ホール
2F
納戸
納戸
すべての部屋を
使っているの
で、歩き回るの
にいいわね。こ
のような空間は
大好き。
吹抜け
寝室

我が家のレイアウト

　壁面に使う材料として、珪藻土、エコクロスと和紙を部屋や壁の場所によって使い分けたけど、最も多く使っている和紙の壁は完璧ね。十年もたてば紙の端が剥がれたり汚れが目立ったりするようになるかと思ったけれど、今のところそのようなところは目につかないわね。これは土佐和紙らしいけど紙の材料がいいのか、壁面との接着に使っている糊がいいのか、工務店さんに大感謝ね。

　家の外観を覆うベージュ色の壁もほぼ完璧ね。十年目の定期点検のときには一般的には外壁の塗り直しや屋根の補修とかがあるものだと思うけど、雨垂れや苔のような汚れが無いので塗替えも不要で助かったわね。専門用語でリシン厚吹きと呼ばれる塗装方法らしいけど、その厚吹きのおかげか、西側の壁が太陽光の陰り方で色が違って見えるのも面白いわね。

　庭については、新築当初からこつこつよくここまでできたと自分ながら感心ね。隣地との境に日曜大工で作ったフェンスが雨風で早く朽ちてしまったので、結局業者に任せてしっかりしたものができたので、もう大丈夫。縁石や庭石をうまく使って基本的な所は専門業者にお願いはしたけど、アプローチも含めて自分の好きなように十年以上かけた甲斐があったというもの。草花のない所には大き目の砂利を入れて雑草が出てこないようにしたのも正解。ガーデニングには完成形というものはないと思うけど、これからも季節に応じて世話をしていくのも楽しみね。無垢の木に囲まれたリビングルームから、コーヒーを飲みながら色とりどりの庭を眺めるのが、至福を感じるときかもね。

（夫）一階の平面図で見ると分かるが、ほぼ四角形に近い形で壁を少なくしていることから、見通し

2022 年の我が家　緑に覆われています

庭もかなり充実してきました

が良く利くというのがあって、トイレと書斎からダイニングルームのテレビが見えるし、書斎からキッチンが見える。十メートル以上の距離なので、こればっかりは設計時点では想定してなくて、住み始めてからびっくりしたものだ。私は目だけ？はいいので、遠くのテレビの文字が座りながらに見えてこれは便利だ。

新築の設計時点で、いろいろと欲張りなことを言った中に普通の浴槽ではなくてマッサージ機能を持つバスを入れたいとの話があった。見栄以外の何物でもなかったが、当時の工務店の営業担当は明確に、不要、すぐ使わなくなりますよと、強く否定された。確かにその通りで、今でも使うはずもないものだと思っている。何でもかんでもお客様の言う通りではないという、工務店の家づくりの本質を捉える姿勢には今でも感心している。

その他にもトイレのペーパーホルダーを二個にしたい、いや一個で十分で長いロール紙を使えばいいのです。西側に公園の桜があるので窓を大きくしたい、いや西日があるので小さい方がいい。家の顔としてのデザインバランスもあるので家の外観をもっとかっこよくできないか、いや延床五十坪を超えるような家は奇をてらう必要はない、などなど。我々の要望はかなり取り入れてもらったが、将来を見据えて無駄を無くそうとするそのやり方は、その道のプロのなせる技で、やはり今でもあちこちにその神髄が生きている。

工務店の社長が言っていた、住む場所についてはなかなか百点の土地は無いかもしれないが、住んで満点にする、というのは言い得て妙だと思った。

うちは南に家が建つ北西角の土地で、冬の厳しさをどうするかという課題に、太陽熱を利用し

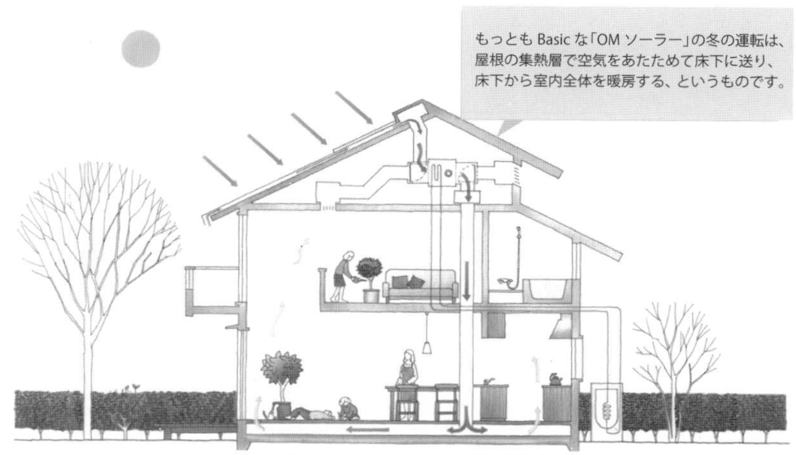

ＯＭソーラーシステム（ＯＭソーラー株式会社　ホームページ）

ＯＭソーラーシステムの屋根はガルバリウム鉄板とガラスでできています

リビング中央に大黒柱のように伸びるＯＭダクトは
孫たちの背比べ用の柱となっています

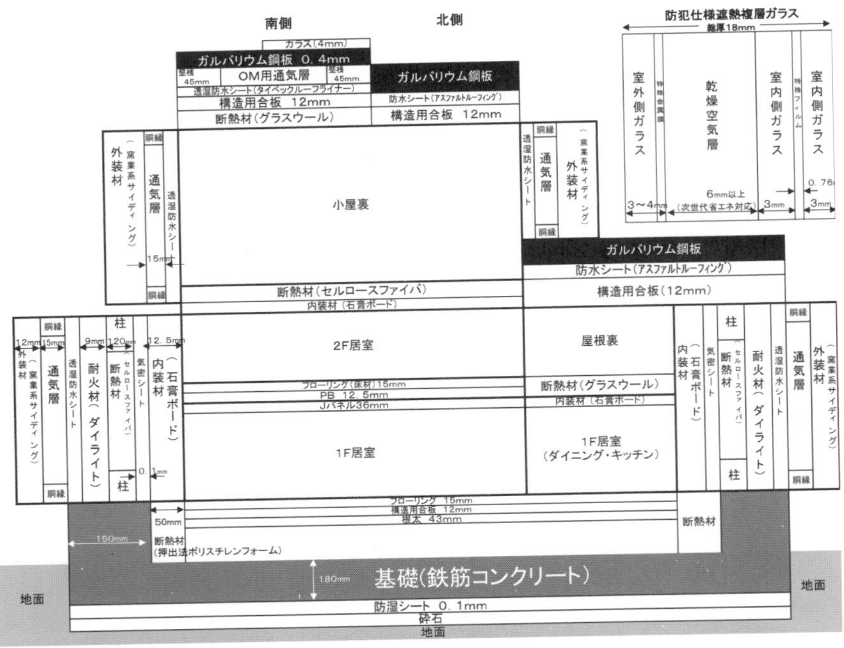

我が家の構造

たＯＭソーラーシステムという床暖房の仕組みを提案してもらった。これは当時としては先進的なシステムで、ガルバリウムの鉄板屋根が太陽で温められると、その屋根裏側にある通気層の空気が温められ、この暖かい空気を三階機械室に集めてダクトを用いて基礎床に送り込んで床全体を温めると同時に、基礎から一階床面の通気口を通して部屋に吹き出すというものだ。ダクトから基礎に空気を送り込むファンモーターには２枚の太陽光パネルによる発電を利用したので、これはまさに自然エネルギーを最大限に有効活用したシステムだ。太陽の光が南側の家に遮られて窓から入ってこなくても、屋根さえ太陽に面しておけば冬でも暖かく過ごせ、太陽の恩恵を受けられる画期的なものだ。

　このシステムは家の構造と一体なので

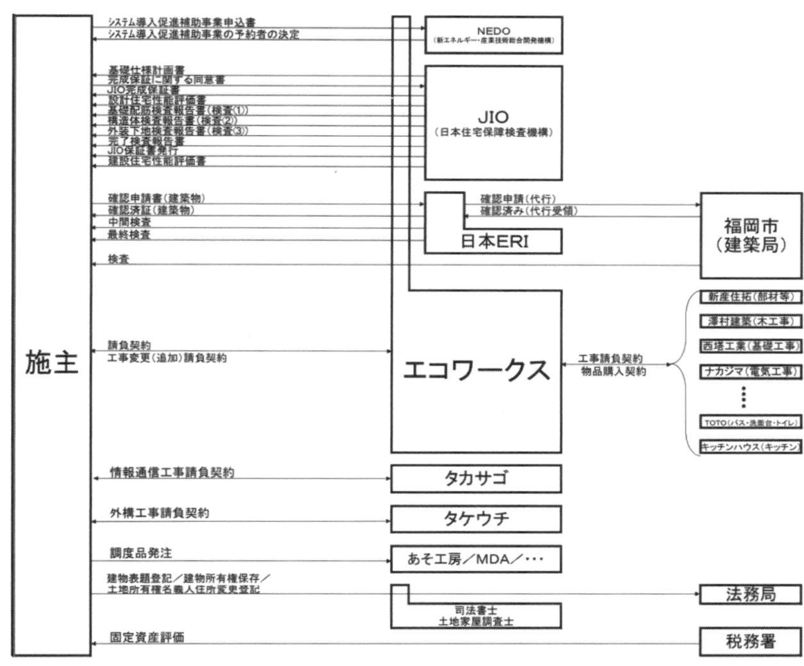

建築開始から完成までに関わる事業者

後付けは不可能で、これで土地のハンディを克服し快適な住まいができる、との思いだったが、何でも完璧はあり得ない。このシステムは当たり前だが快晴であることが条件で、日本海性気候のようなところでは、冬にどんよりとした日が続くと、このシステムは力が発揮できないということだ。しかし、暖かい時期になるとこのシステムは、床暖房機能を止めてお湯採りというガス湯沸かし器に代わる機能があるので、一年のうちでシャワーが多い夏中心の半年は、給湯はガスをほとんど使わずに済んだものだ。

木造無垢の家は暖かい、というのは厳寒の時期を除けばある意味そうかもしれない。しかし、それは木造無垢とセットの、家屋の構造上の断熱効果によるもので、木そのものが暖かいわけではな

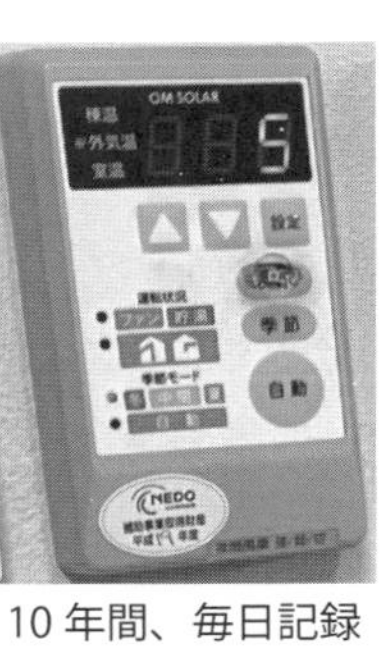

10 年間、毎日記録

い。暖房に頼らないと、寒い時はやはり寒いものだ。この断熱効果を如実に表すものが、新築してから十年もの間、毎日のように記録した、部屋の温度と外気温の温度差だ。二〇〇九年から二〇二〇年までの冬期十二月から二月までの三か月、毎月の第一週から第四週の室内と室外のそれぞれの最高・最低温度によると、どんなに室外が寒くなっても部屋の温度は一〇度以上の温度差を保っているのがよく分かる。いくらＯＭソーラーシステムがあっても天気がいい日の昼間だけの話だし、この十年間は空調は局所暖房設備が中心なので、二十四時間もの間、家を温めているわけではない。ましてや朝方は放射冷却などで外が最も冷え込み零下になることもしばしばだ。それでも部屋の温度が一〇度以上に保たれているのは、家の構造としての壁の高断熱、基礎断熱の効果によるものと言える。

（妻）十年間毎日記録していて何になるのかと思っていたけど、その温度差が家の住み心地をよくすることに役立っているのであれば、やりがいがあったというものね。

家の構造というか作りの点でもう一ついいところがあったのは、ドアがほとんど引き戸になっていることね。玄関、トイレを入れて一階にはドアが九枚あるけれど、玄関を除いて全てが引き戸、二階は三枚だけどトイレと寝室は開き戸で洋室が引き戸。これらの引き戸には戸袋もないので清潔だし、引き戸は開けっ放しにできるので、通風や導線の確保という点で部屋がまとまって一つの大部屋のようになり、とても使いやすくなっているわね。床はバリアフリー、部屋もフリーに行き来できて、家の中を安全に動き回れるというのはとてもありがたいわね。

2009 年～ 2020 年　室内、室外最高最低気温（12 月～ 1 月各月第 1 週～第 4 週）

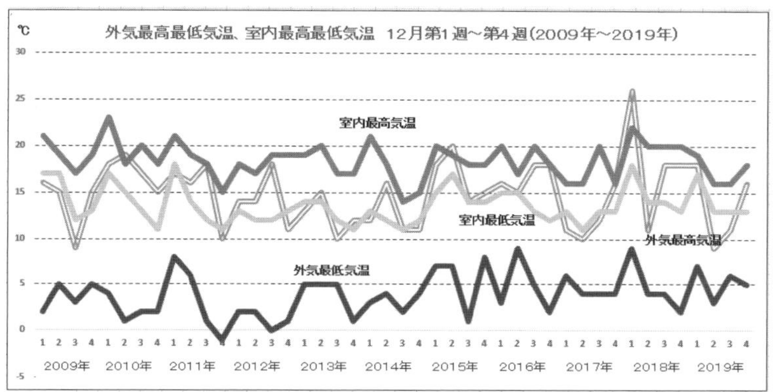

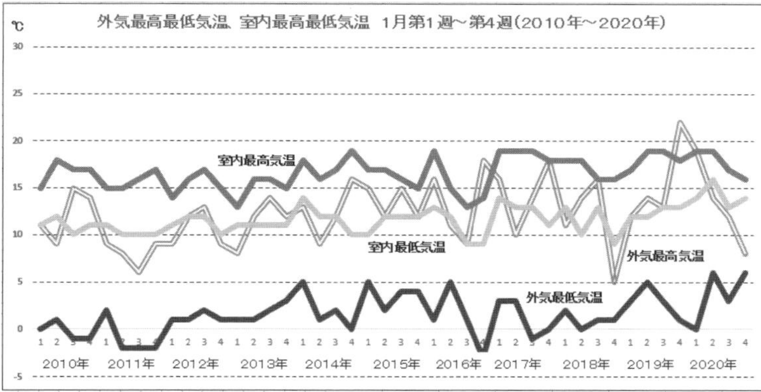

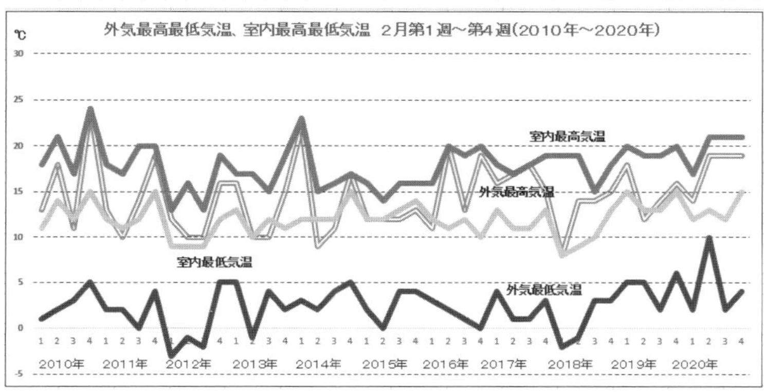

一―二　まずかったところ

（妻）家を新築して七年か八年か経った頃だったかしら、一階の珪藻土の壁に異変が起きたのには驚いたわね。最初は薄い黄色いものが点々としていて何だろうと思っていて、段々時間が経つにつれて特に空気がよどみそうなところに点々が繋がって広がっていった感じだわね。よくよく考えると、日の当たりそうな乾燥しそうな場所にはあまり無くて、部屋の奥まった所がひどかったわね。

（夫）築後十数年の中で、ある年に湿気の高い日が続く夏があり、その年を境に珪藻土壁の汚れが始まり、段々酷くなっていったようだ。珪藻土は調湿作用があるので、湿度を完全にコントロールしてくれるというのは妄想だったと後で分かった。特に、湿度の高い夏に風を取り込もうと窓を開けっぱなしにすると、大量の湿気も入ってくる。夏でも夜になると温度が下がるので結露が発生する。

（妻）そういうことだったのね。昔から夏には窓を開けて涼しい風を取り込みたいと思うものよね。エアコンはあるけど、昼間に使うのはもったいない、風があるじゃないと思いたくなるわ。まさか、珪藻土がカビで傷むなんて想像もしなかった。

（夫）エコな家といえどもエアコンはうまく使うことが必要ということがよく分かった。お年寄りが部屋にエアコンがあるのに「もったいない」と使わないことで夏に部屋の中で熱中症になるというのはよく聞く話だ。

部屋の中でもコーナーの珪藻土壁は特に傷んでいました

点々とカビの後が残っています

珪藻土の上塗りは乾燥に時間がかかります

職人さんの手さばきは確か

すべての珪藻土壁から家具類は移動します

我々も現役を過ぎてこれから年を重ねていくごとに、家に居ても快適で健康的に過ごすことが大事になってくる。

（妻）木造無垢の家は暖かいと聞いていたけど、真冬はやはり寒かったわね。ＯＭソーラーシステムという太陽熱床暖房の設備は当時は先進的なものかもしれないけど、太陽が出ていることが条件で、福岡は日本海側の気候で冬はなかなか晴れないイメージね。天気が悪くて寒い日は、都市ガスによる床暖房としての補助暖房があったけど、ガス代がとても高くつくので、結局、電気ヒーターを数台買って、必要な場所で必要な時にだけ使用するというのが普通になったわね。電気ヒーターだったら火鉢のように目の前ですぐ温まるしね。部屋が広いのでエアコンは使いづらかったわ。

（夫）ＯＭソーラーシステムは、夏の給湯システムとしては最高だが、冬の床暖房システムとしては天気次第なので不安定は否めない。電気ヒーターを使うのは火傷や火事の危険性があるので、まだ電気温風機の方がいいだろうが、いずれにしても局所暖房は風呂に入るときなどでヒートショックの危険性があるので、これを何とかしたいとの思いはあった。

（妻）夏の結露問題と冬の暖房が我が家の最大の課題かしら。木造無垢の家に住んで、できるだけ自然とともに生活することだけは続けていきたいわね。

（夫）それは私も同感。まだまだ長い人生、快適で健康的に生活していきたいと思う。

３段階段下の洗い出しが損傷、きれいに張り替えました

レンガの敷き詰め直し、排水もスムーズに

柵フェンスで古いブロック壁をカバー

一―三　世の中が変わってきた

娘（ＭＩＫＩ）

最近の社会情勢の変化について両親が話し合っています。

（妻）十年以上経つと、家を取り巻く社会の状況もだいぶん変わったんじゃないの。

（夫）そうだと思う。今の時代は技術革新が速くていわゆるドッグイヤーと呼ばれ、七年も経つとすぐ物が陳腐化するものだ。省エネルギーの分野においても昔からエネルギーの安定供給確保の面からいろんな対策が取られてきたが、家庭においては一九七〇年代の二度のオイルショックを契機としたものがあった。全国的に爆発的に普及し今でも相当数残っている太陽熱温水器だ。家の屋根に搭載するもので、当時の技術の中では画期的な再生可能エネルギー利用設備といえる。

一九九〇年代以降に地球温暖化問題が社会問題化したが、この対策の動きとして大きな時代の転換点といえるのは、二〇一五年の「パリ協定」だ。これを境にＣＯ2が主だが温室効果ガスの削減が世界的に大きなうねりとなってきている。いわゆる脱炭素といって二酸化炭素を多く出す化石燃料を使わない、使用を減らす、化石燃料に代わるものとして再生可能エネルギーを増やす動きが大きくなってきている。家でも手っ取り早くできるのは太陽光発電システムを取り入れることだ。

家庭で使用するものも省エネルギーの対策が常に取られてきていて、明かりでは白熱電球や蛍

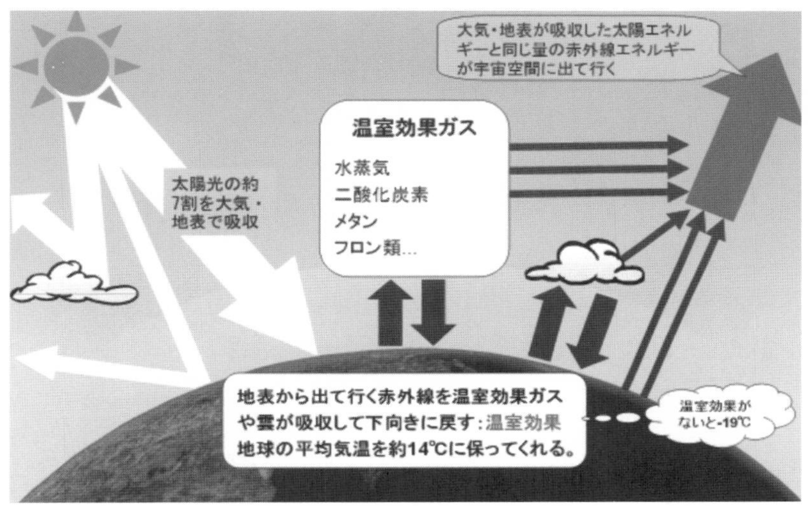

温室効果の模式図（気象庁ホームページ）

持続可能な社会に向けた国際的潮流

環境省

- 2015年９月「持続可能な開発のための2030アジェンダ」採択
  ※ 複数の課題の統合的解決を目指すSDGsを含む。
- 2015年12月「パリ協定」採択
  ※ ２℃目標達成のため、21世紀後半には温室効果ガス排出の実質ゼロを目指す。
  ※ 各国は、削減目標、長期の戦略、適応計画の策定などが求められる。

SDGsの17のゴール　　パリ協定の採択

新たな文明社会を目指し、大きく考え方を転換(パラダイムシフト)

「地球温暖化対策を巡る最近の動向について（2020年11月）」（環境省ホームページ）

光灯がＬＥＤに置き換わり、暖房や冷房に使うエアコンはヒートポンプと呼ばれる技術が普及して、少ないエネルギーで空気中から熱をかき集めて大きな熱エネルギーとして利用するものが主流になっている。この技術はお湯を沸かす設備にも使用され、昔だったらガス瞬間湯沸かし器が主流だったのが今や、エコキュートと呼ばれる電気給湯器に置き換わってきている。

（妻）昔から日々の生活で無駄な電灯は直ぐ消すとか、水を流しっぱなしにしない、食べ物を粗末にせず廃棄物を減らすとか細かい節約はやっているけど、今の時代、地球環境全体を考えて無駄を無くしていかなくちゃいけないわけね。脱炭素とか難しそうなことを言われるとよく分からないけど、自分たち一市民ができることは何かを考えるのが大事ということかしら。

（夫）その通り。自分たちにできることは小さいことでも継続していく、積み重ねていくことだと思う。それが自分たちの生活質の向上にもつながるし、人生が充実していくものだと思う。

平置きタイプの太陽熱温水器
敷地に余裕があれば直接置けます

●冷蔵庫：今どきの冷蔵庫は 10 年前と比べると約 40 ～ 47% の省エネ

省エネ性能の比較（401~450Lの例）

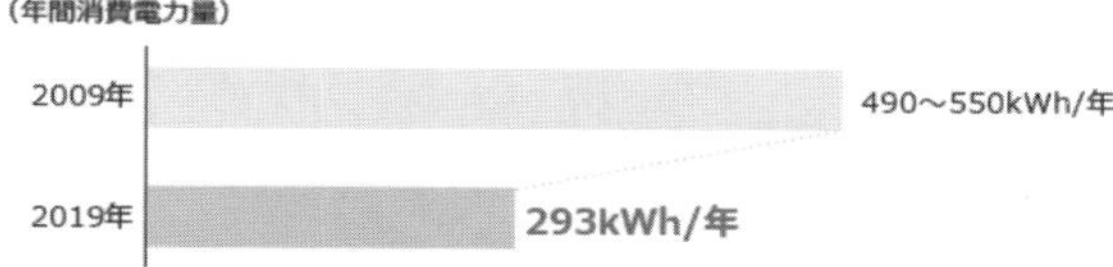

※このデータは特定冷蔵庫の年間消費電力量を示したものではありません。
※JIS C 9801-3：2015による。

●照明器具：電球形 LED ランプは一般電球と比べると約 86% の省エネ

省エネ性能の比較（年間消費電力量）

※年間点灯時間:2,000時間(1日5～6時間点灯した場合)。
※消費電力：一般電球54W、電球形LEDランプ7.5W。

●テレビ：今どきのテレビは 9 年前と比べると約 42% の省エネ

省エネ性能の比較（40V型液晶テレビの例）

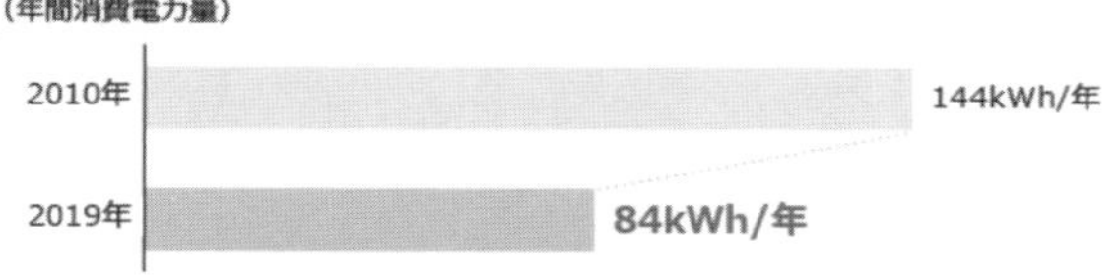

●エアコン：今どきの省エネタイプのエアコンは 10 年前と比べると約 17% の省エネ

省エネ性能の比較（10年前の平均と最新型の省エネタイプ(多段階評価★4以上)の比較）

※このデータは特定エアコンの消費電力量を示したものではありません。
※冷暖房兼用 ・壁掛け形 ・冷房能力2.8kW ・寸法規定クラス。
※2009年はクラス全体の単純平均値、2019年はクラスの省エネタイプ(多段階評価★4以上)の単純平均値。
※JIS C 9612：2005による。

「省エネ型機器の現状」（資源エネルギー庁 https://www.enecho.meti.go.jp/）を加工

一―四　家の見直しの必要性

(夫) 家屋が新築の場合、工務店の定期点検があり、一年、二年、五年、十年とこの四回は無償で点検が実施され、何か不具合があっても住み手の扱いが原因でなければ、多くのケース、無償で修理、調整してくれる。しかし、家も十年過ぎると定期点検自体が有償になり、あちこちに劣化が始まったり設備の故障が発生したりして手を入れる必要性が出てくるものだ。一般的にも外壁の塗り直しや多くの設備、特に水回りはカビや錆が発生しやすいので劣化が進みやすい。我が家でも十年点検で何か手を入れるところはないか調査があったが、外壁、内壁、水回り、外回りの中で二階ベランダの防水処理と白蟻予防のための処理工事が対象になった。これらは家を長持ちさせるための予防処置だ。もし外壁に手を入れるとなると足場が必要なので大架裟な工事になり、その費用も大きくなる。幸い我が家ではしっかりした材料、施工のおかげか外壁はまだしばらく問題なさそうなので対象外だった。内壁の珪藻土の問題も実はこの時には既にあったが、見た目の問題であり、もう少し様子見となった次第だ。

(妻) 小さな工事とはいえ、家の中に作業の人が入ってくるので、なるべくこのような工事はまとめて一遍にやって欲しいわよね。

(夫) そりゃそうだ。新築時、トイレと洗面室の間のドア上部に仕切りを設けてなかったので、今回、ここにポリカーボネートでの造作をお願いしたけど、防水工事、白蟻対策工事と併せて同時工事だったので早く済んだものだ。

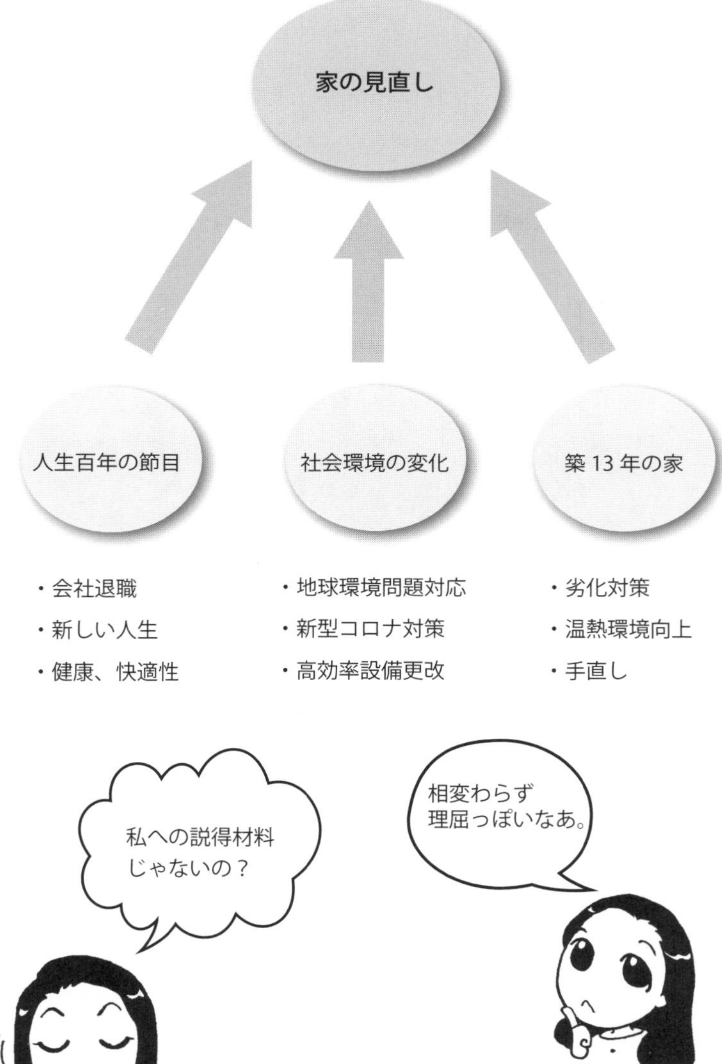
家の見直し
人生百年の節目
社会環境の変化
築 13 年の家
・会社退職
・新しい人生
・健康、快適性
・地球環境問題対応
・新型コロナ対策
・高効率設備更改
・劣化対策
・温熱環境向上
・手直し
私への説得材料
じゃないの？
相変わらず
理屈っぽいなあ。

OMソーラーシステム（太陽熱床暖房）

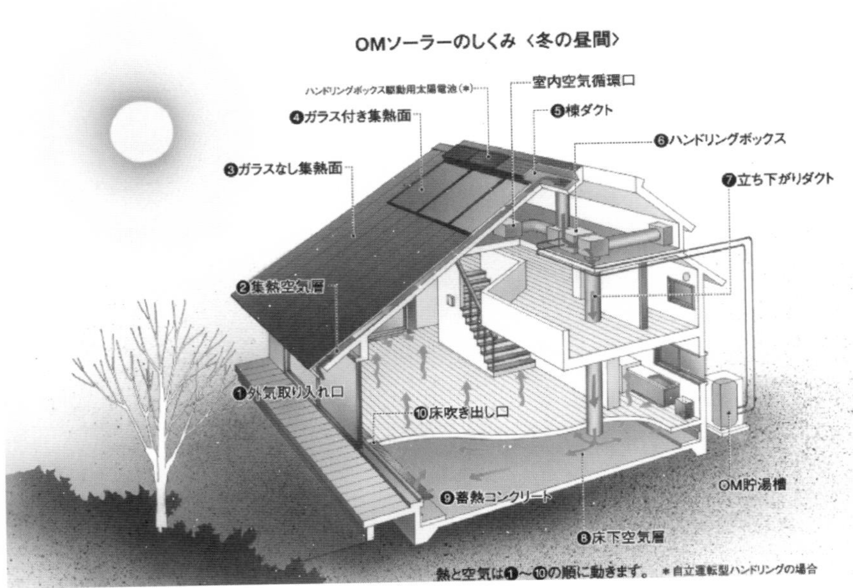

冬の昼間

（妻）十年定期点検に伴う工事が終わって、もう暫くは何もしなくても大丈夫と思っていたけど、家の作りなどに関して問題が残っていたわけ？

（夫）木造無垢の家に住んで、快適な暮らしを送るという目的はある程度達成されたけど、それを達成する手段としてのエネルギーの使い方の問題、それとこれから年を取っていく中でやはり暑さの厳しい夏期と寒さの厳しい冬期に快適ばかりでなくてさらに健康的に過ごすにはどうすればよいかと考えると、これは世の中の進み具合に応じて家も変化する必要があるのではないかと思ったものだ。

　珪藻土のカビが二度と出ないよ

ＯＭソーラーシステム（お湯採りシステム）

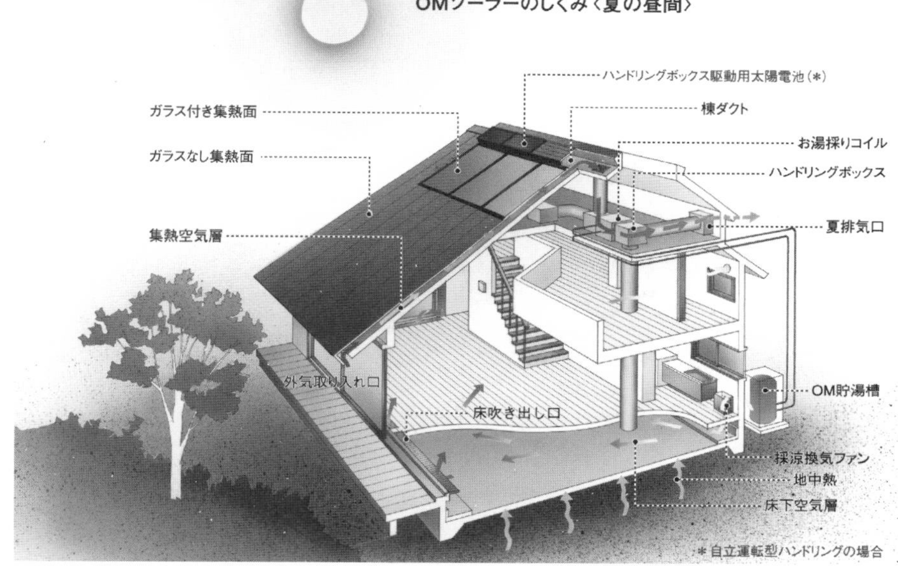

夏の昼間

うにしたいし、太陽熱床暖房システムという先進的な省エネシステムも役立ってはいるが、太陽が出ている昼間に効力を発揮するものなので、最終的なものではないということだ。温度、湿度と電気などのエネルギーに関する我が家の問題を一挙に解決できないものかと考える。

一―五　人生計画を改めて見直す

(妻) 元々家に長く居る機会の多い私としては、日々の生活がもっと楽になり長生きできそうになるのだったら大歓迎だけど、家の見直しはなぜ今かしら。

(夫) 日本人の寿命が延びて今や男性が八十一歳、女性が八十七歳を越え、これがこれからも伸びていくとなると、我が家では確率的に家に居る時間がどんどん増えていくということだ。その家に居る時間が長くなる中で、世の中では年配者が病気でもないのに家の中で亡くなる人が多いという事実もあり、それが家の作りに起因しているらしく、もう一度、我が家を見直してみようというのもある。

働いている間は、仕事に一生懸命で目の前のことしか考えにくいが、会社人生が終わった段階でこれからの人生を考えると、まず健康が一番でこれを支える良質な生活習慣が大事になってくる。毎日となると、家の中での過ごし方が重要だ。家との長いお付き合いを通じて、社会参画を続けていくことが残りの人生において大事と思う。

自分たちの人生における大きなターニングポイント、それと社会環境の変化に伴い求められる新たな住まいのあり方、それと元々建てて十年が過ぎ、長く住んでみての改善を図る。このような機会はそうそう無いように思える。

(妻) 変わっていく社会環境にも関係し、長い人生で最後のチャンスということかしら。まあ、何かやるにしても体力も必要みたいだし、やるなら、若いと思える「今でしょ」、かな。

カフェで休憩　九州自然探訪

熊本・阿蘇は雄大な景色で知られていて、九重連山、阿蘇連山を一望できる大観峰付近は最高の観光スポットです（パノラマモードで撮影）

大分・湯布院は温泉の街、狭霧台展望台から見る湯布院盆地は別格です

福岡・油山の片江展望台から見る福岡は全国的にも珍しい人口増加の街

二　家はハーレムか凶器か

二―一　冬場の大敵ヒートショック

(妻) 快適な住まい、健康的な住まいというけど、それじゃ、そうでない家というのはどんな家かしら。

(夫) 昔、バブルがはじけるまで続いた高度経済成長の時期、日本人は「一億総中流」と言われ、普通のサラリーマンにとって一軒家を持つことが夢でなくなり、家屋が大量に生産された。とにかく早く、たくさん作ることが大事だったので、いわゆるプレハブの家や狭小の土地にマッチ箱のような家が多く作られたものだ。それらが三十年以上も経ち、住んでいる人たちも年取ってくると問題が出てきた。よく言われる、マンションは暖かいのに一軒家ではスースーするという現象だ。この原因として壁が薄い、壁の中に断熱材が無い、ガラス窓が薄いなどがあり、少々の暖房器具を使っても部屋が温まらないということになる。それだけではなくて、人間年取ってくると寒暖の差に弱くなり、昨日まで元気だった人がある日突然、家の中で倒れたり亡くなったりするということが起きてきた。これはヒートショックといって社会現象にもなっているし、その数がまた凄いので驚きだ。ヒートショックは寒い時期に多いが、夏の暑い時期には熱中症になるケースもあり、用心が必要だ。家というのはくつろぐ場所、癒される場所のはずが、住まい方によっては危ない場所ともいえる。

(妻) 年配者はエアコンがあってもなかなか使わないと聞くわよね。もったいない、もったいないと

News Release

平成 29 年 1 月 25 日

冬季に多発する高齢者の入浴中の事故に御注意ください！

人口動態統計を分析したところ、家庭の浴槽での溺死者数は 11 年間で約 7 割増加し、平成 27 年に 4,804 人となっています。そのうち高齢者（65 歳以上）が約９割を占めており、高齢者は特に注意が必要です。溺死を含む入浴中の事故死は、東京都 23 区では平成 26 年に 1,442 件あり、冬季に多く発生している傾向がみられます。過去には入浴中の急死者数は約 19,000 人と推計されたこともあります。

安全に入浴するために、以下の点に注意しましょう。

（１）入浴前に脱衣所や浴室を暖めましょう。
（２）湯温は 41 度以下、湯に漬かる時間は 10 分までを目安にしましょう。
（３）浴槽から急に立ち上がらないようにしましょう。
（４）アルコールが抜けるまで、また、食後すぐの入浴は控えましょう。
（５）精神安定剤、睡眠薬などの服用後入浴は危険ですので注意しましょう。
（６）入浴する前に同居者に一声掛け、同居者は、いつもより入浴時間が長いときには入浴者に声掛けをしましょう。

１．入浴中の事故死の実態

厚生労働省の人口動態統計による家庭の浴槽での溺死者数は、平成 27 年に 4,804 人で[1]、平成 16 年の 2,870 人と比較し 11 年間で約 1.7 倍に増加しました（図１）。このうち約９割が 65 歳以上の高齢者です（図２）。

図１．家庭の浴槽での溺死者数の推移

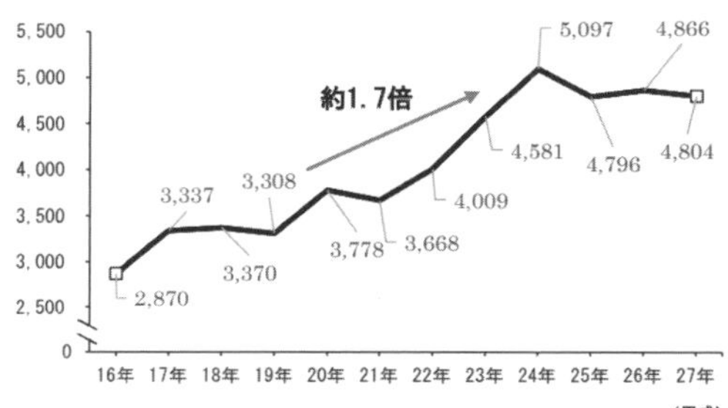

図２．平成27年 家庭の浴槽での溺死者数

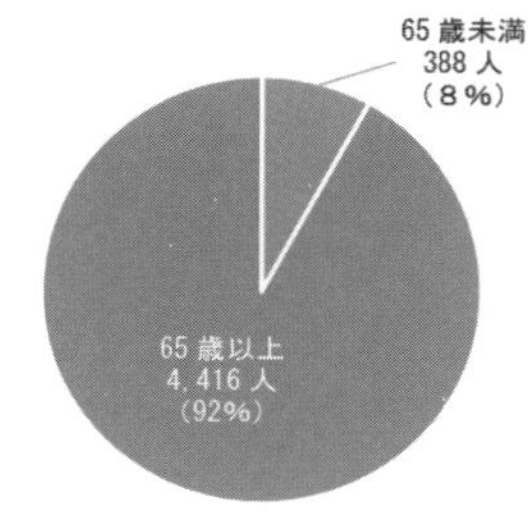

出典：消費者庁ホームページ（https://www.caa.go.jp/）

思ったりして。日本人にとっては我慢と忍耐が美徳というのはとっくに昔の話ね。

（夫）交通事故による死亡者数と比べると、入浴中の事故での死亡者数は依然としていかに多いかが分かる。四倍以上だ。かつて交通事故者数は二万人近くいたが（発表される死者数は事故発生後二十四時間以内の死者数で、国際的なカウントの三十日以内にすると二割ほどアップする）、エアバックやシートベルトの義務化、衝突を回避する自動ブレーキ機能などの普及で大幅に減少してきた。交通戦争と呼ばれていたのは大昔の話で、ちゃんと必要なアクションをとれば犠牲者は減る。

先進国の中でも日本は最もヒートショックの犠牲者が多い国だろう。日本は一世帯当たりのエネルギー消費量は少ないが、実際は、家の中で暑さ、寒さを我慢して暮らしている結果ということだ。他の先進国では断熱性能が悪い家でも二四度、二五度に設定して家の中を全館暖房している。それに対して日本ではリビングを暖房で二〇度～二二度程度に保とうとしているが、脱衣場などの暖房されていない部屋は外気温に左右されて、一〇度以下しかないような状況を我慢して暮らしているのが現状だ。

二〇度以上の温度差でヒートショックが起こりやすくなると言われている。これが他の先進国に比べてヒートショックで亡くなる人が多い原因になっているのは間違いない。昔の家にはヒートショックが無かったというのは、かなり我慢して暮らしていたためであり、これが全ての人に当てはまるわけではない。家が過保護になったので体が弱くなったのではなくて、日本も新たなライフスタイルが求められているということだろう。

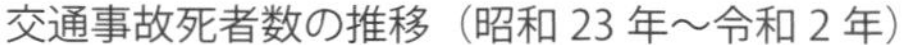

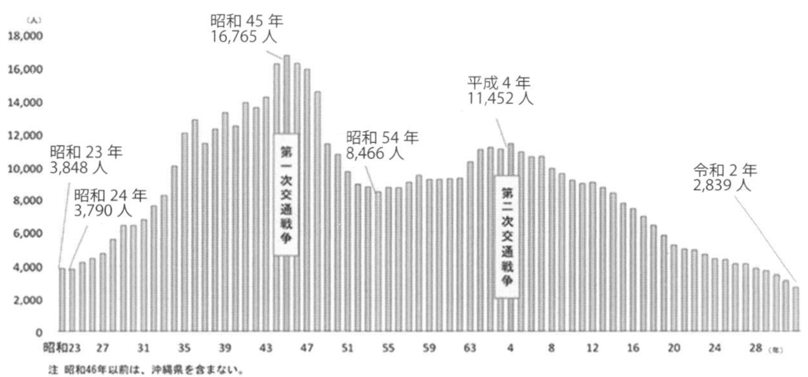

出典：全日本交通安全協会のホームページ

お年寄りの犠牲者を
減らしたいね。

○第一次交通戦争（ピーク：昭和 45 年・16,765 人）では、運転免許保有者数や自動車保有台数の増加及び道路整備などを背景に、自動車乗車中や歩行者との事故が大幅に増加。その後、昭和 54 年には 8,466 人まで減少。

○第二次交通戦争（ピーク：平成 4 年・11,452 人）では、第一次と同様の要因に加え、運転技能が不十分な若者の増加などを背景に、特に自動車乗車中の事故が増加。その後、一貫して減少傾向にあり、近年では高齢者人口の増加などを背景に交通事故死者数の減少幅が縮小傾向。

二―二　家の大敵　カビ、錆、シロアリ

(夫)住む人ではなくて家にとっては何が問題になるか、特に木造無垢の家で人間の病気にあたるものは何かと考えると、極端な話は木の腐食だろう。しかし、そこまでいかなくても症状としてカビが出る環境では放置すればそうなると言える。鉄だと錆があり、外回りでは白アリは要注意だ。人間であれば風邪のような症状にあたるカビは、水分、温度、空気(酸素)、栄養が必要だが、この中で水分は結露しないように温度をみながら管理し、栄養となるホコリを無くすように日々の掃除なり手入れが必要だ。カラッとした部屋の環境であればこのようなことは無いはずだが、蒸し暑い夏やガンガンお湯を焚くような環境では注意が必要だ。結露でカビが繁殖すると、これをエサとするダニが出てきて、これらの死がいがアレルギーやぜんそくの原因になる。

(妻)カビは住み手にとっても嫌だし、古い家で朽ち果てた木造の家をみるとゾッとするわ。そんな風にならないように、長く住むには人がちゃんと手入れをする必要があるというわけね。シロアリ対策も大事よね。

(夫)これは家の外の話なので分かりづらいが、その状況は調べれば分かるので、定期点検などでプロにお願いすることになるかな。必要があれば、防蟻処理という、薬剤散布などで対応するのだろう。

カビの生える条件

・20 ～ 30℃の温度
・80% 以上の湿度
・食品の食べ残し、ホコリなど
・酸素

カビの生えやすい場所

（風通しが悪く湿度が高い場所）

・水まわり　　　　：トイレ、浴室、台所など
・収納　　　　　　：押し入れ、クローゼットなど
・大きな家具の裏側：タンス、冷蔵庫、食器棚など
・寝具の下　　　　：布団、マットレスなど
・エアコン内部

カビの影響（呼吸器系のアレルギー反応）

・夏型過敏性肺炎
・皮膚炎
・アレルギー性鼻炎
・シックハウス症候群

カビを生やさない対策

・こまめに掃除する
・換気する
・湿度を下げる
・風通しが良くなるレイアウトにする

二―三　人生百年、家も百年

（夫）前も話があった寿命の件で、日本人は男女とも平均寿命が八十歳を越え、百歳以上の人口が約八万六千人（二〇二一年時点）と、五十年ほど前に比べると、とんでもない数字になっている。一九六三年（昭和三十八年）では百歳以上は全国でわずか百五十三人だったらしい。ごく最近までギネスで世界最高齢だった福岡の百十九歳の女性（二〇二二年四月死去）は、百二十歳まで元気に暮らすことが目標だったとのこと。

平均寿命も延び百歳以上の人口も増え続ける今の世の中では、人生百年が当たり前になりつつあるが、実は家も以前から長期優良住宅という名前で数世代にわたって使えるような家にすべきとの法律ができている（二〇〇八年、「長期優良住宅の普及促進に関する法律」）。ただし、耐震性、劣化対策、維持管理・更新の容易性など細かい規定があり、これらをクリアすると税制上の優遇措置などが受けられるようになっていて、省エネルギー性もその基準の中に入っている。特に劣化対策では、「通常想定される維持管理条件下で、構造躯体の使用継続期間が少なくとも百年程度となる措置」とあり、これが百年住宅の根拠だ。

（妻）長い人生が待っているということね。しかし、百歳以上といってもその中では女性が九割方じゃなかったかしら。平等ではないみたいね。

（夫）なぬ?それはやってみないと分からない。いつ何が起きるか分からない先の見えない時代だ。

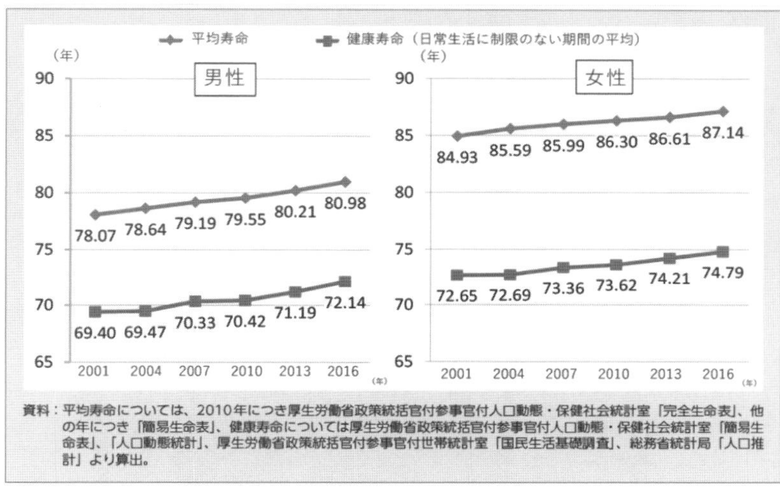

出典：平均寿命と健康寿命の推移（厚生労働省 https://www.mhlw.go.jp/）

課題は平均寿命と 10 年ぐらい差のある
健康寿命をいかに伸ばすか、だね。

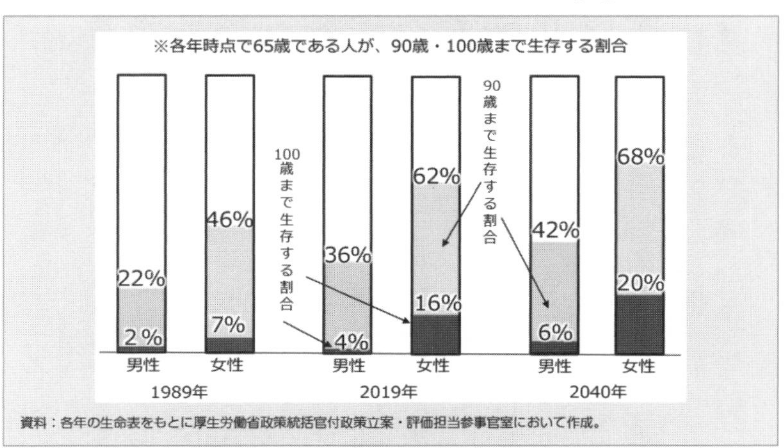

出典：65 歳の人の生存割合（厚生労働省 https://www.mhlw.go.jp/）

二―四　家の快適さとは何かを求める

（夫）家の快適さとは何だろう。家を建てる時は機能性、デザイン性、経済性の三要素のバランスだといって、快適に過ごせるのは当たり前だと考えていた節がある。一軒家、それも木造無垢の家に住めること自体が快適そのものと思ったのだろう。何かあっても後でどうでもできる、何とかなると。

（妻）家の中で気持ちよく過ごせる、ストレスなく過ごせる、ではないの？

（夫）まずは夏は涼しく冬は暖かくか。春、秋は自然の空気そのもので過ごせるので本当に気持ちがいいものだ。快適さを実現する温度、湿度の「温熱環境」がしっかりしていること、次に家の中で安全に過ごせること、これはスムーズな動線、バリアフリーなどかな、他には外からの騒音が気にならないとかあるが、共通していえるのはこれらを省エネで実現しないといけないということだ。経済性がよくないとこれもストレスの元だし、さらにこれからの社会環境の変化にも対応していかないといけないということがある。社会環境という世の中の変化、そこから、我々にも求められるものも変化する。

（妻）暑さ寒さも光熱費も気にせずに過ごせる家ということね。社会環境の変化ってまた難しそうだけど、それはどうにでもなるのではないの。

（夫）変化した社会環境に合わせるのではなくて、これから変わるであろう環境に合わせて先に変化しておくのが、長い目で見てのいわゆる持続可能な社会での過ごし方だ。

快適・安心に暮らす

省エネ住宅のススメ

省エネ住宅とは

省エネ性能に関する2つの基準

1 住まいの熱を快適にコントロールできること!

屋根・外壁・窓などの断熱の性能に関する基準があります。(外皮基準)

2 住まいのエネルギーを賢く使えること!

暖冷房、換気、給湯、照明など住宅で使うエネルギー消費量に関する基準があります。(一次エネルギー消費量基準)

省エネ住宅のメリット

メリット❶ 環境&家計に優しい

省エネ性能の高い家電や照明、効率の良い給湯器など最新の機器・設備を導入することでエネルギーの使用を削減でき、環境も家計もプラスに。
また、太陽光発電などでエネルギーを作り出せば、さらに省エネです。

メリット❸ 毎日の健康な暮らしを

断熱性能が高く暖かい住宅は、ヒートショックの防止、高血圧症の防止など、住まい手の健康作りにつながります。

メリット❷ 一年中快適な空間に

断熱性能が高いと部屋の中が均一に同じ温度に保たれ、一年中、24時間快適に過ごすことができます。

メリット❹ 災害時も頼りに

太陽光発電システムや家庭用蓄電池などを備えておけば、停電時や災害時など、もしもの時に頼りになります。

出典：省エネ住宅のススメ（国土交通省 https://www.mlit.go.jp/）

二―五　家、土地の価値の向上

(妻) 土地を買って家も建てて十年以上経つけど、土地も家も価値があって、持っているだけで税金がかかるのよね。何かしらリフォームや改築などで家に物を付けたらそこはどうなるのかしら。

(夫) 家や土地の固定資産に課される税金が固定資産税で現在も毎年払っているが、家の価値は毎年経年劣化で落ちていくので基本的に税金も安くなっていくけど、土地は数年おきの見直しでいわゆる路線価が変われば変更される。家の場合、当初決められる固定資産税は家の広さ、設備、性能で変わるので、これらが後で変わると税金が見直される可能性もあるが、固定資産なので、後付けする設備が取り外しができれば固定ではないので税金の対象外となるのが基本だ。

(妻) 家の見直しをするのに、部屋を追加するとか大掛かりでなければ税金は心配しなくてもいいのね。設備はいつかは壊れるので、今ある設備もいつかは順番に取り替えることになるのかしら。

(夫) テレビ、エアコン、冷蔵庫、電子レンジ、洗濯機、給湯器、さらには車もあるかな。しかしこれらは一般的に耐用年数が長くても十年程度の機器なので、家とは切り離して考えられる。しかし、今や社会で一般的になった太陽光発電システムは三十年ものとして使われるので、これを導入すると家の価値が上がるものだ。これで家が長く使える、住まいも快適になるというものだ。何がどう変わるのか、詳細は後でまた説明するよ。

固定資産税の仕組み

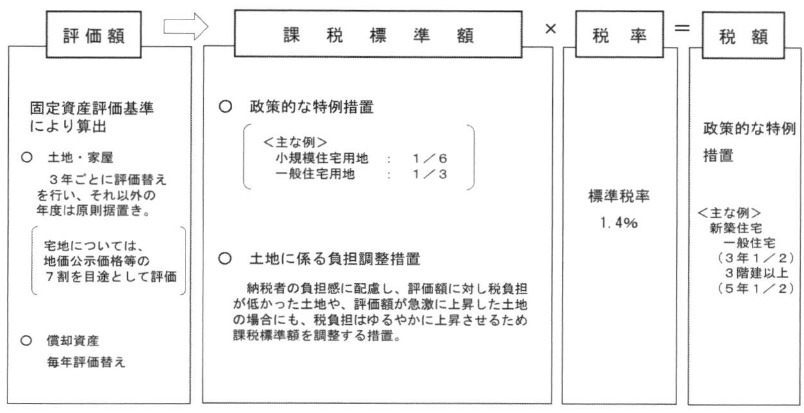

法規を知るのも省エネの一つね。

土地・家屋・償却資産の評価の仕組み

1. 固定資産評価基準（地方税法第403条第1項）

○ 市町村長は、固定資産評価基準によって、固定資産の価格を決定しなければならない。

※ 固定資産評価基準＝ 地方税法第388条第1項の規定に基づき、固定資産の評価の基準並びに評価の実施の方法及び手続を定めたもの（総務大臣が定め、告示）

2. 固定資産評価基準による資産別評価方法

1. 土地	宅地・農地等地目別に売買実例価額等を基礎として、評価額を算定 • 宅地については、地価公示価格等の7割を目途に評価（平成6年度評価替から導入）
2. 家屋	再建築価格及び経年減点補正率等に応じて、評価額を算定 • 再建築価格＝ 評価対象家屋と同一の家屋を、評価時点においてその場所に新築する場合に必要とされる建築費 • 経年減点補正率＝ 家屋の建築後の年数の経過に応じて生じる減価を基礎として定めた率
3. 償却資産	取得価額及び取得後の経過年数等に応じて、評価額を算定 • 評価額＝ 取得価額－ 取得後の経過年数等に応じた減価分 • 評価額の最低限度＝ 取得価額× 5%

出典：固定資産税の概要（総務省 https://www.soumu.go.jp/）より抜粋

カフェで休憩

生活を彩るオシャレ小物を集めてみました。

全自動ゴミ箱

ハンディクリーナー

ペーパー Pot

木製花瓶

白樺のワインスタンド

ドリップでもプレスでもない
新しい抽出方式

カフェで休憩　　オシャレカフェ

内装、外装も魅力的で、自然に囲まれ古いものを大事にするくつろぎの空間。観光先でも探せばあちこちに多くあります。家づくりの参考になります。

熊本県大津町にある自然食レストラン、築 200 年の民家を再生して蘇りました

福岡県から佐賀県への三瀬峠を越えた先のロケーション、ハーフガーデンの中にあるレストランです

長崎県の大村湾に面した古民家レストラン、シェフはフランスで腕を磨きました

福島県の大内宿にある古民家を改装したカフェ、茅葺き屋根がきれいです

長野県は八ヶ岳西麓にあり、自然素材、地産地消の一日一組の宿泊施設

信州・霧ヶ峰の標高 1820m の丘の上に建つ小さな山小屋、創設は 1956 年

三　時代とともに家も車も進化

三―一　車はEV、家はZEHの時代

（妻）世の中がどんどん進んでいるということだけど、身の回りでは何がどう変わっているのかしら。

（夫）ＥＶとかＺＥＨとかいう言葉を聞いたことがないかな。ＥＶはElectric Vehicleの略で一般的には電気自動車のことだが、車に乗っていないとガソリン車とか電気自動車と聞いてもどう異なるのか、何が違うのか分かりづらいかもしれない。ガソリンを動力にするか電気を動力にするかの違いと思えば簡単だ。地球温暖化問題で脱炭素社会を目指すというのは、二酸化炭素を出さない、出すのを減らす努力が必要で、ガソリンの元になる石油はこれを燃やすと大量に二酸化炭素を出すので石油はなるべく使わないようにしましょう、というわけだが急にはガソリンで走る車を無くせるはずもなく、徐々に電気で走る車に変えていきましょうということだ。しかし、この電気を石油や石炭で作ったら意味がないので、発電する側も二酸化炭素を出さない方法で電気を得る方法を考えなければならない。

（妻）我が家では以前からガソリンでも電気でも走る車のようだけど、これもやはり電気自動車と呼んでいいの？

（夫）ＰＨＥＶ、プラグインハイブリッドＥＶと呼ばれる車のことだな、これを説明しだすと切りが無くなるので、車の話はここまでにして家の話にいこう。

●ＺＥＨの定義

「快適な室内環境を保ちながら、住宅の高断熱化と高効率設備によりできる限りの省エネルギーに努め、太陽光発電等によりエネルギーを創ることで、１年間で消費する住宅のエネルギー量が正味（ネット）で概ねゼロ以下となる住宅」

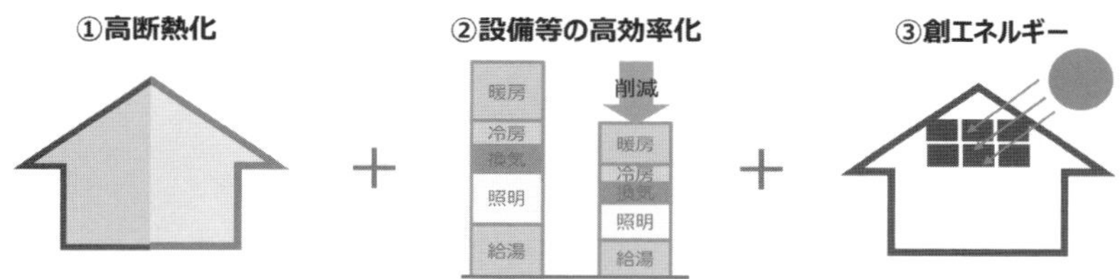

出典：ＺＥＨ（ネット・ゼロ・エネルギー・ハウス）の定義
（国土交通省 https://www.mlit.go.jp/）より抜粋

住宅・建築物分野のエネルギー消費：全体の約3割

＜部門別エネルギー消費の割合（2019）＞

住宅・建築物分野：約3割

業務・家庭	運輸	産業
30%	23%	46%

出典：カーボンニュートラルの実現に向けた住宅・建築物分野の現状
（国土交通省 https://www.mlit.go.jp/）より抜粋

ＺＥＨというNet Zero Energy House（ネット・ゼロ・エネルギー・ハウス）という言葉は業界用語のようで一般庶民にはまるでちんぷんかんぷんだな。十三年前に建てた我が家も先進的なシステムを取り入れて省エネ住宅と呼ばれる家になっているが、それをさらに推し進めて、断熱性能、省エネ性能を高め、太陽光発電などでエネルギーを得ることにより年間のエネルギー消費量の収支をプラスマイナス「ゼロ」にしようという住宅を指すものだ。やはり先の温暖化問題で、建築住宅分野が日本のエルギー消費量の三割以上を占めるほど大きいので、この分野での消費量を抑制しようという国を挙げての運動が始まった。プラスマイナスゼロというのは分かりにくいが、人が生活している上では電気を使わざるを得ないためエネルギーの消費は避けられないし、ゼロにはできない。しかしその消費量を減らすことはできる。いろんな方法でエネルギー消費量を減らす、すなわち省エネを徹底し、使うエネルギー分以上のものを屋根に太陽光発電パネルを取り付けるなどして電気を創り出す。これは「創エネ」と呼ばれ、使う分の電気を自分の家庭で得ることができればエネルギー消費量をプラスマイナスゼロにすることができる。

（妻）エネルギーの自給自足というわけね。食料の自給自足は田舎に行けば周りに畑などを確保してある程度できそうな感じだけど、電気の自給自足も自分たちでできるのであれば素晴らしいね。

（夫）昔、イギリス発祥の産業革命というのがあったけど、これもやはり技術革新によるある種の革命やね。ここまで出てきたエネルギーというのは一次エネルギーと呼ばれるもので、一次エネルギー消費量は、「家一戸で使うと想定する年間のエネルギー」のことを言っている。一次エネルギーは、石炭や石油、天然ガス、火力、水力、風力、原子力、太陽光など、自然から採取するエ

●ＺＥＨとは

ＺＥＨ（ゼッチ）（ネット・ゼロ・エネルギー・ハウス）とは「外皮の断熱性能などを大幅に向上させるとともに、高効率な設備システムの導入により、室内環境質を維持しつつ大幅な省エネルギーを実現した上で、再生可能エネルギーを導入することにより、年間の一次エネルギー消費量の収支がゼロとすることを目指した住宅」です。

ＬＣＣＭ？上には上があるのね

●ＬＣＣＭ住宅とは

ＬＣＣＭ（エルシーシーエム）（ライフ・サイクル・カーボン・マイナス）住宅とは、建設時、運用時、廃棄時において出来るだけ省ＣＯ２に取り組み、さらに太陽光発電などを利用した再生可能エネルギーの創出により、住宅建設時のＣＯ２排出量も含めライフサイクルを通じてのＣＯ２の収支をマイナスにする住宅です。

出典：国土交通省のホームページ（https://www.mlit.go.jp/）

ネルギーのことを指していて、この一次エネルギーに対し、電気・ガス・灯油・薪などの実際使う媒体は二次エネルギーと呼ばれる。

（妻）地球温暖化が原因で海面が上昇して、台風などが強くなり増えているというのをよく聞くわね。単に日々のエネルギー節約だけでは間に合わないということだわね。

（夫）その通り。地球の大気の温度を上げないために、最終目標年の二〇五〇年に向けて、ありとあらゆる分野で技術革新や莫大な投資が必要になってくる。移動手段の変革しかり住まいの変革しかり、仕事の仕方も既にＡＩやＩＯＴなどの発展、それに新型コロナの影響もあり、これまで考えられなかった変化が起きていることは周知の事実だ。しかし、ポイントは地球温暖化対策のためだけにこのようなＥＶやＺＥＨを普及させるのではないということだ。これらが普及するとその付加価値も大きいので取り組むメリットが大きいと言える。

まず経済性だ。高い断熱性能や高効率設備の利用により、月々の光熱費を安く抑えることができる。さらに、太陽光発電などの創エネについて売電を行った場合は収入を得ることができる。今であれば国が推進しているので税制優遇や補助金制度もある。

次に快適・健康性かな。高断熱の家は室温を一定に保ちやすいので、夏は涼しく冬は暖かい快適な生活が送れる。冷暖房はもちろん使うが少しで済むということだ。さらに冬は効率的に家全体を暖められるので、急激な温度変化によるヒートショックによる心筋梗塞などの事故を防ぐ効果もある。

長い目で見れば中古物件としての価値が上がり、レジリエンスという、いわゆる防災にも強く

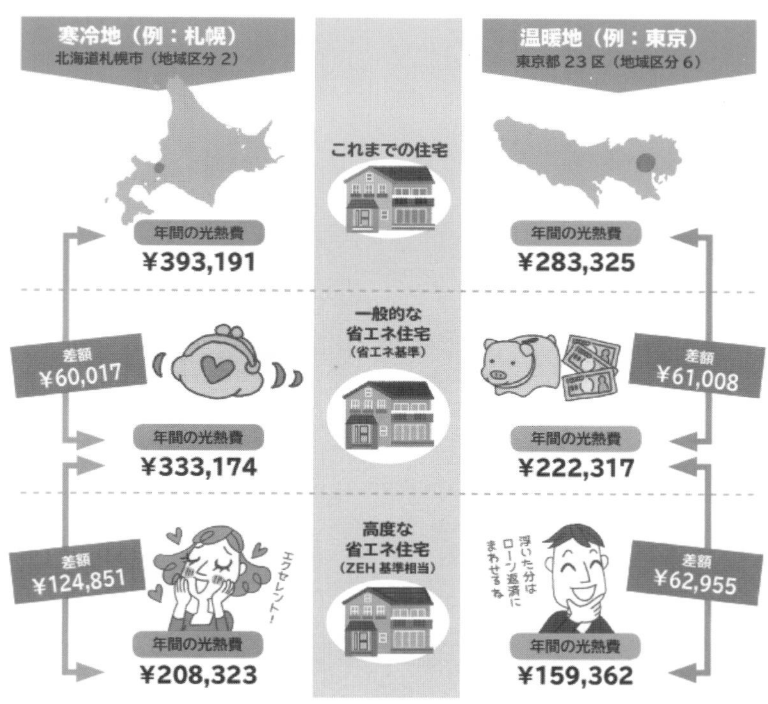

出典：「省エネ住宅とは？」国土交通省ホームページ
（https://www.mlit.go.jp/）

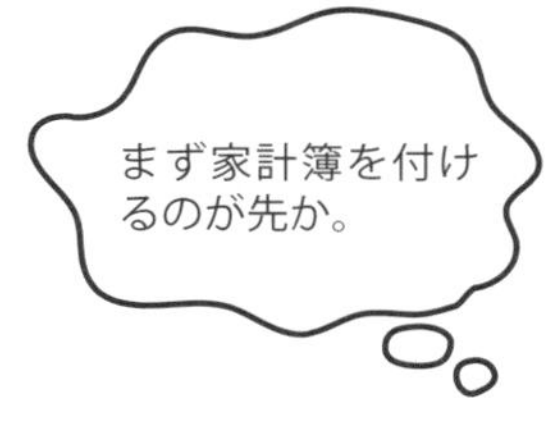

なる。台風や地震など、災害の発生に伴う停電時においても、太陽光発電を活用すれば電気が使える。将来的に蓄電池もつければ夜も含めて非常時でも安心な生活を送ることができるということになる。

（妻）そのＺＥＨとやらのデメリット、欠点は無いの？

（夫）それはそう、どんなものでも長所があれば欠点もある。ＺＥＨ住宅は設備費用も含めた建築費用が一般的な住宅よりも初期費用が高くなる。長い目で見れば最初の高い費用は光熱費などの節約で十分回収ができるが、それがなかなか理解されにくい。目の前のお金が高いと二の足を踏むものだ。特に太陽光パネルは昔に比べ安くなったとはいえ、設備としては高い買い物だ。故障や劣化は避けられないので、メンテナンス費用も必要だ。

さらに細かくは、断熱性能や気密性に基準値があるので、その基準を満たすために自由な間取りができにくくなるというのもあるかな。扉や窓などの開口部の大きさや数に制約が出てくる可能性もある。好きなデザインでかっこよく作ろうと思っても、単純になって面白くないと思うかもしれない。デザイン性と機能性のバランスを求められるということだ。

（妻）そうなのよね。後で安くなるといわれてもなかなか踏み切れないものよね。考えどころね。

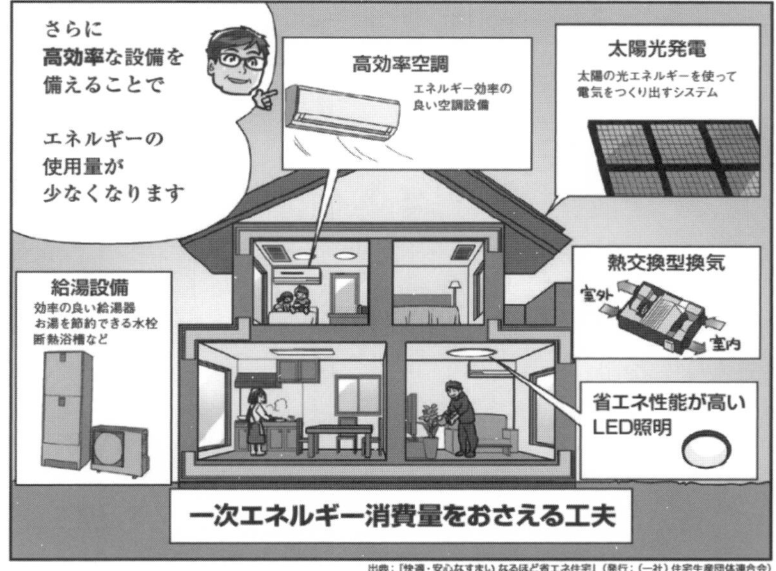

出典：国土交通省ホームページ（https://www.mlit.go.jp/）

三―二　家は魔法瓶か

（妻）国も進めているＺＥＨというのはどんなものか何となく分かったけど、断熱とか設備とかが出てきて専門的になってきたわね。一番大事なことは何かしら。
（夫）整理すると、ＺＥＨというのはまず家の断熱性能が高いこと、そこにエネルギーを効率的に使う設備により冷暖房、給湯などの電気使用量を減らすこと、この二つで省エネが達成できる。さらにこの分のエネルギーを自分で創り出す太陽光パネルを搭載することで創エネを達成し、省エネと創エネのバランスでネット・ゼロの家になる。しかしこの中で最も重要なことは、家の断熱性能が高いことだ。冷暖房設備、給湯設備などは太陽光発電設備も含めて後からでも設置したり高性能化機器に変更したりできるが、断熱性能は家の窓や壁、天井、床で使う断熱材などで決まる構造上の問題だ。外気との熱の出入りを遮断するのが「断熱」、室内の暖かい空気を外に漏らさず外の冷たい空気を室内に侵入させないのが「気密」で、気密を高めるためには建物の隙間を丁寧に埋めていくことしかない。断熱が弱いと少々暖房したところで熱がどんどん逃げていくし、古い住宅では家全体で畳一枚分の隙間があることがあり、いわゆる隙間風を感じることになる。現在の最新式住宅ではこれがハガキ一枚分程度まで縮小されているらしい。
（妻）気密というと息苦しさを感じるわね。魔法瓶みたいなものかしら。
（夫）家の中は空間が大きいので空気の温度差が少しでもあれば対流は出てくる。しかし、家全体でみると外気とは切り離されるので、少ない暖房の熱で部屋の中が暖かくなるし、少し冷やせば冷

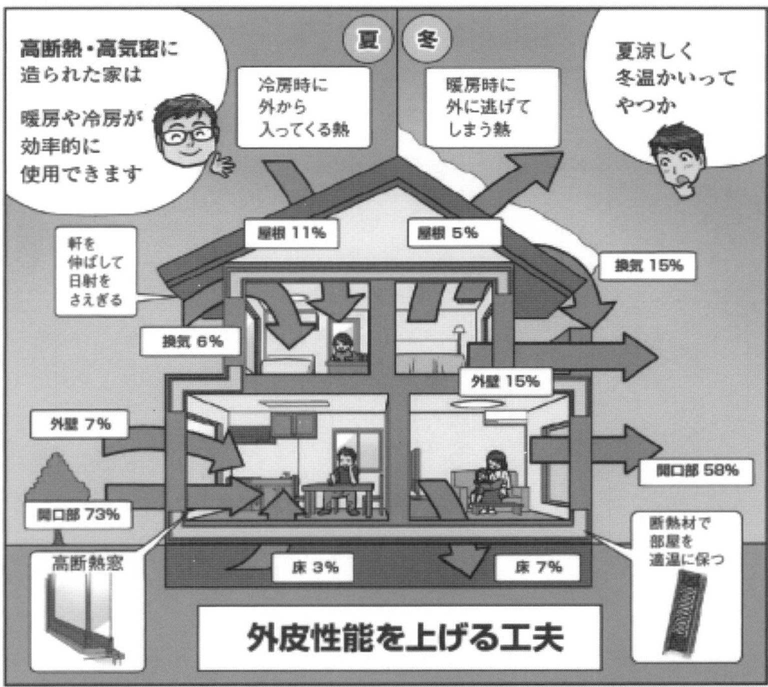

出典：「快適・安心なすまい なるほど省エネ住宅」（発行：（一社）住宅生産団体連合会）

出典：国土交通省ホームページ（https://www.mlit.go.jp/）

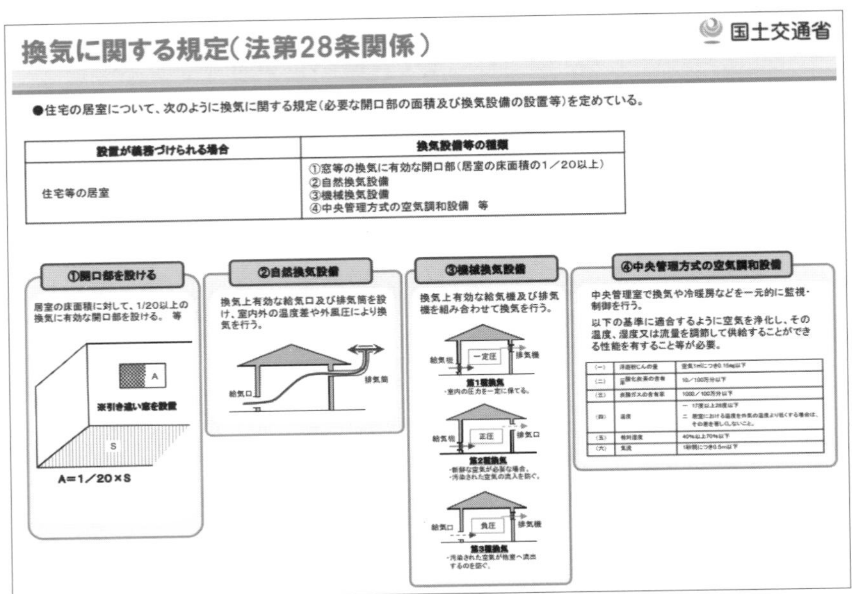

建築基準法における「換気」に関する規定（法第 28 条）
出典：国土交通省ホームページ（https://www.mlit.go.jp/）より抜粋

気はしばらく保たれる。

（妻）気密性は分かるけど、換気はどうなっているの？　窓を定期的に開けなくても大丈夫なのかしら。昔は新建材などでシックハウス症候群というのが問題になってたよね。

（夫）現在、家を建てるには建築基準法という法律で二十四時間換気という換気計画が義務化されている。これにより家全体を換気することで室内温度を保つだけでなく、結露によるカビなどの発生を抑制したり外部からの有害物質の侵入を防いだりしている。排気口のみ換気扇を設置して吸気口は自然換気のケースが多いようだが、これで一時間ごとに部屋の半分の空気が入れ替わるようだ。

シックハウス症候群は、建材・家具などに使用されている化学物質や暖房器

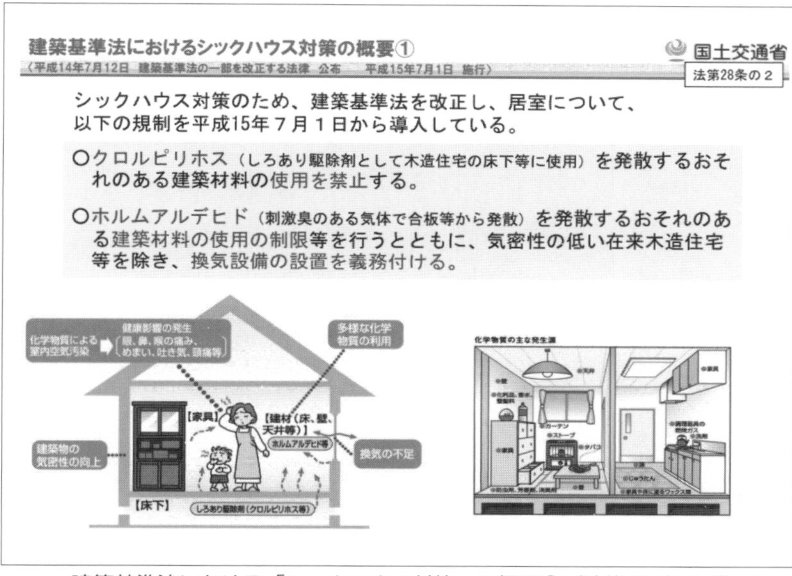

建築基準法における「シックハウス対策」の概要①（法第 28 条の 2）
出典：国土交通省ホームページ（https://www.mlit.go.jp/）より抜粋

具などの燃焼ガスが住宅内の空気を汚し、居住者の健康に悪影響をおよぼすさまざまな症状のことをいうが、対象となる新建材を使用しない、石油・ガスストーブなどを使用しないことに加え、住宅の高気密化にともなう換気不足を計画的に解消することで対応してきている。

天気のいい時には窓を全開して外からの空気を部屋に取り込みたい気持ちはよく分かるが、外の気温、湿度を少し意識して、湿気までを取り込まないようにした方がいいのだろう。春や秋の季節でカラッとしているときは短時間の窓の開放はよさそうだ。

三―三　技術革新がもたらす設備の省エネ度合

（妻）私は機械オンチ。設備と聞いただけでもう何も分からないと思ってしまうわ。家の中で使う家電も含めて機械って年々よくなっているわけね。

（夫）我々機械または設備を使う側は、機械が使いやすければ、かつ安ければそれでよしで、それがどういう理屈で動くのかを知る必要はない。しかし、最近の給湯システムやエアコンの省エネという観点からの性能の向上は目を見張るものがあり、その使い方をよく知れば我々の生活はもっと快適に省エネになるはずだ。これらは生活水準の向上や環境意識の高まりなど、ライフスタイルや価値観が変化して、これに応えるべく進化してきたものだ。

昔からあるガスによる湯沸かし器に代わるものがエコキュートと呼ばれるもので、二〇〇〇年以降、急速に発展普及してきた。再生可能エネルギーである「空気熱」を利用して家中のお湯をまかなう、ヒートポンプ式給湯器ということだが、このような専門用語は使わずにいうと、電気エネルギーを使って動力で空気を圧縮するとその空気は熱くなり、その熱い空気は元の電気エネルギーの何倍もの熱量エネルギーを持つということだ。これで水をお湯に変えて貯湯槽にため込んで給湯する。深夜電力という安い電気を利用し、二十四時間いつでもお湯が使えるという利便性から全国では八〇〇万台を越すエコキュートが使われているそうだ。

同じ原理でエアコンでは暖房に使うが、エアコンの冷房の場合は逆に同じように空気を動力で膨張させるとその空気は冷たくなるので、やはり元の電気エネルギーの何倍もの冷熱量が得られ

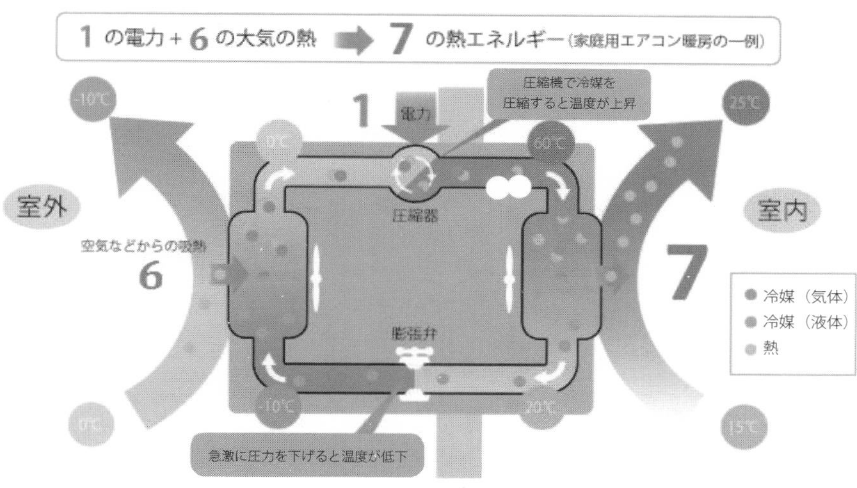

出典：「ヒートポンプとは」ヒートポンプ・蓄熱センターホームページ

る。空気を直接温めたり冷やしたりするのではなく、空気の熱移動を行っているので空気から熱を取り上げるヒートポンプというような名称になっている。最新のヒートポンプエアコンは、一の投入エネルギーで七倍のエネルギーを得る製品も出てきているようだ。

（妻）とにかく何でも省エネになってきているのね。設備は直ぐ陳腐化するとよく聞くけど、背景にはこのように技術の進歩があるわけね。

（夫）ヒートポンプはエアコン、エコキュートだけでなく、冷蔵・冷凍庫や洗濯機の乾燥機能など様々なものに使われている、身近な省エネ技術だ。ガソリンエンジンを使わない電気自動車でもこの技術が採用されてきており、車に充電された電気をヒーターとして使うのではなくて、できるだけ動力に回すように効率的に使うようになっている。

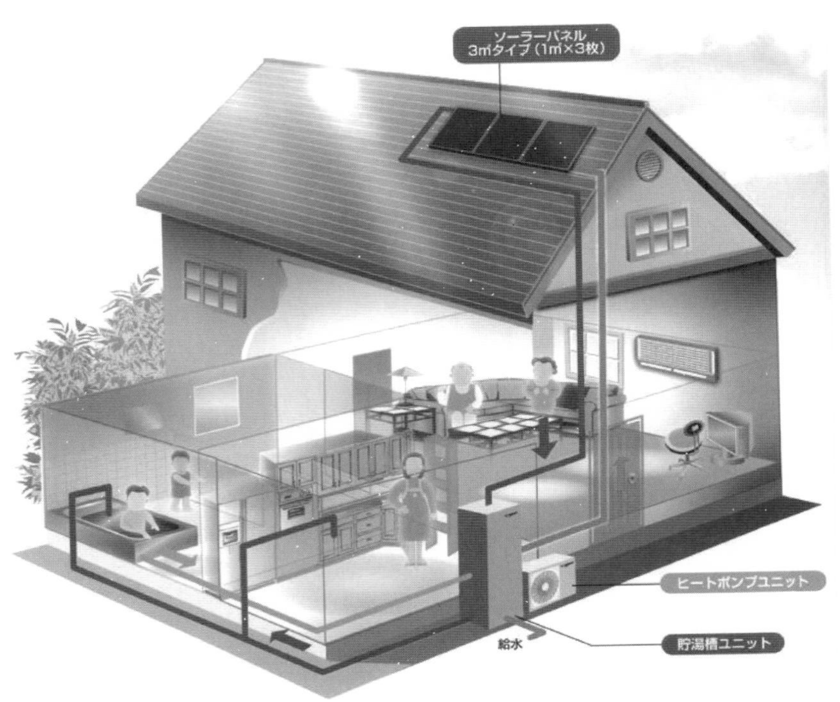

出典：「空気熱と太陽熱の利用」矢崎グループホームページ

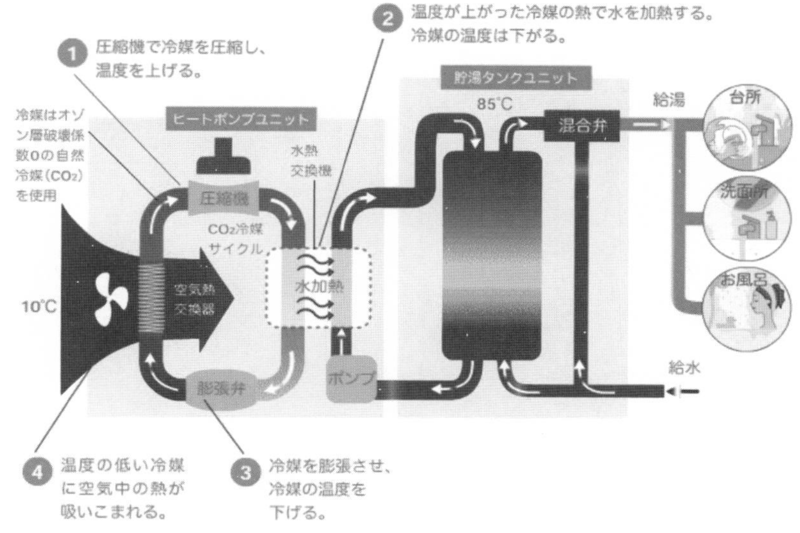

出典：「エコキュートとは」ヒートポンプ・蓄熱センターホームページ

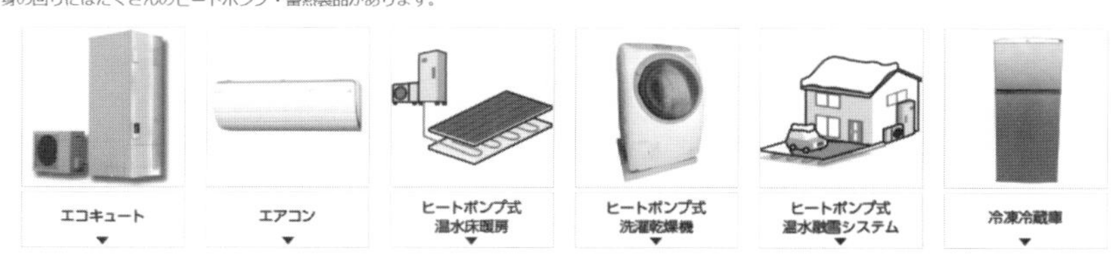

出典：「ヒートポンプ・蓄熱製品」ヒートポンプ・蓄熱センターホームページ

三―四　太陽光発電システムも家電化

（妻）太陽光発電というとまだ誰でも設置できるというものでもないよね。

（夫）再生可能エネルギーというのは、自然界によって補充されるエネルギーということで太陽光、水力、風力、地熱などがあるが、これらの中でも昔からある身近なものでは水力によるダム発電と最近では太陽光発電が多くなってきている。この太陽光発電システムはかつて値段が高く導入が進まなかったが、十年くらい前にＦＩＴと呼ばれる余剰電力買い取り制度を国が策定し、産業用、家庭用で急激に導入が進んだ。ここでも技術革新や大量生産の効果で単位発電出力（ｋＷ）当たりの導入費用も半減したイメージがある。確かにそれでも家庭に設置する家電とみなすと、車並みの値段でそう簡単に買えそうにないと思うが、一般的にはこのシステムは三十年程度使えるので、その間、電気を買う量が減って電気代節減に見合う計算になる。いわば、将来に向けての電気代の先払いだが、それが三十年トータルすると断然安くなるというわけだ。石炭・石油やＬＮＧの需給が世界的に厳しくなり、電気料金は今後も値上がりしていくのは間違いないので、節減効果はもっと出てくる。

　太陽光発電システムには他にも導入メリットがあり、地球環境問題からくる脱炭素社会に貢献できること、災害時の停電対策になること、経済的には発電して余剰の場合の売電で原価以上の売電収入が得られることなどもある。

（妻）デメリットは？

国内のコスト動向：システム費用（設置年別の推移）

■ 住宅用太陽光発電のシステム費用は**新築案件・既築案件ともに低減傾向**にある。
■ 新築案件について、設置年別に見ると、2021年設置の**平均値は28.0万円/kW（中央値28.4万円/kW）**となり、2020年設置より0.4万円/kW（1.3%）、2019年設置より1.3万円/kW（4.3%）減少した。平均値の内訳は、**太陽光パネルが約60%、工事費が約25%**を占める。

～2014年：一般社団法人太陽光発電協会太陽光発電普及拡大センター補助金交付実績データ
2015年～：定期報告データ（2015年の新築・既築システム費用は、2014年の全体に対する新築・既築それぞれの費用の比率を用いて推計）

出典：「太陽光発電について」（経済産業省　https://www.meti.go.jp/）

（夫）やはりお金か。一時的にせよ車を買うのと一緒なので、資金調達が必要。ただし、家をつくるときに一緒に設置する必要もなく、後で設置が可能だ。設置場所が必要というのは当たり前だが、後で設置するのに屋根が瓦葺きだと、せっかくの瓦がもったいなく思える。

（妻）そうなのよね。後で安くなるといわれてもなかなか踏み切れないものよね。太陽光は後でもいいやという建築主に対して何か妙案はないものかしら。

（夫）それがいい方法があるんだな。いわば屋根という太陽光発電所の場所をある企業が借り上げて、そこに太陽光発電設備をその企業が設置する。設備はその企業の所有物だが、そこから安く生み出される電気を家の所有者にも一般より安く売り、売電した電気はその企業の収入とする。一般的に設備は十年程度で元が取れるので、その時

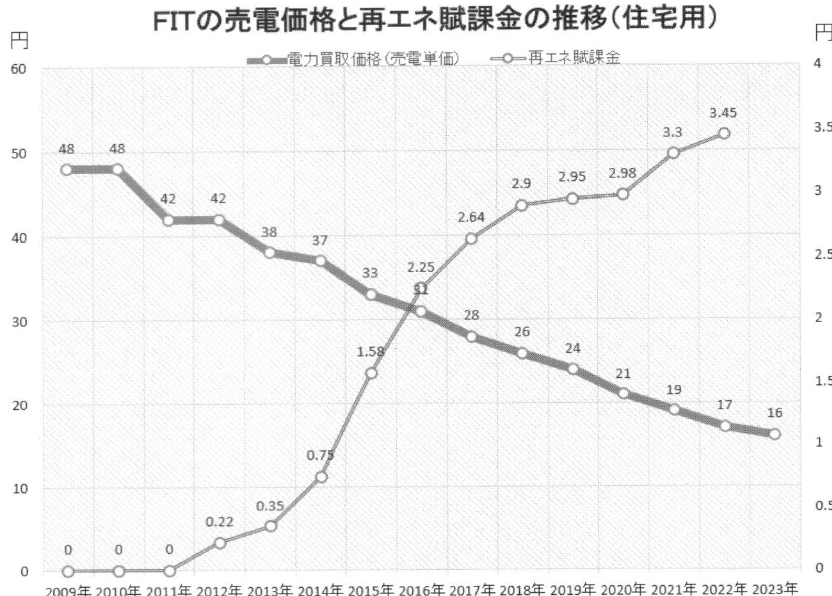

(著者作成)

期が来たらその設備は家の所有者に無償譲渡されるというものだ。

家の所有者にしてみれば初期投資なしで電気代が安くなり、十数年後には設備が自分のものになってその後はその発電電気は自分で自由に使える、その間も停電対策にもなっているという、虫のいい話だが、どんな家でも可能かと言われれば条件についてはいろいろと制約がありそうだ。売電価格が高い時代には結構いいビジネスだったのではないかと思うが、現在でも二〇五〇年カーボンニュートラルに向け政府環境省が推奨はしているので、可能性としては選択肢の一つになり得るものだ。

(妻) 探せばいろんな方法があるということね。国も応援しているということはとても力強いと思うわ。二〇五〇年カーボンニュートラルというのは本当に国を挙げての目標ね。

●０円ソーラーとは

事業者が初期費用を一時負担して、太陽光発電設備を設置し、住宅所有者は電気料金又はリース料を支払うことで、初期費用０円で太陽光発電を設置できます。

リース

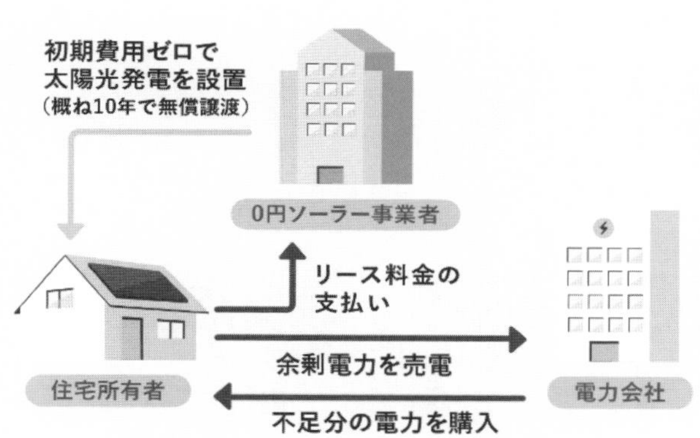

電力販売

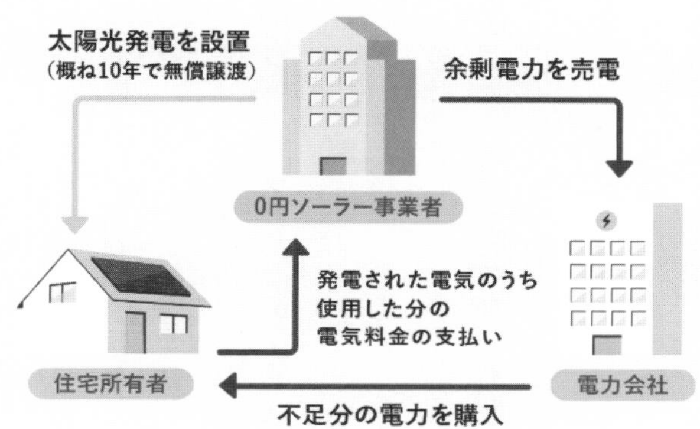

出典：「再エネスタート」環境省ホームページより抜粋（https://www.env.go.jp/）

三―五　住まい方もモニターで一目瞭然

（妻）家に設置する給湯設備や太陽光発電システムが性能的に良くなってきているというのは分かったけれど、複雑なこれらの機械を扱うのにもっと簡単にできないものかしらね。テレビなどの家電はリモコンだけでできるし、食洗や洗濯機はボタンをちょっと押すだけだわね、私もやっとスマホにも慣れてきたけどやはりさらに難しいことはできない。新しくて難しい物のやり方をいちいち人に聞くのは大変、そういう面では考えずに済む、誰でもできるようになっているのが理想ね。

（夫）身の回りの物で一番変わったのが昔なら電話、あるいは情報を扱うパソコンの類かな、情報家電とも言えるかもしれない。

私は長年、情報を扱う仕事をしていたので日進月歩のこの世界に何とか付いてきているが、一般的には目まぐるしい変化に置いてきぼりになり、その恩恵を受けにくいということが多い。技術的なものをうまく使いこなせば、何事も早く安く気持ちよくできるが、そうでない人のためには、設備の状況を分かりやすく見せてあげて、あまり迷わないようにしてあげるべきだ。

我が家の例では、新築の時に最初から導入した太陽熱床暖房システムは、当時では画期的なものだったが、そのコントロール端末は簡易なものだった。それが今ではビジュアルになり、今の温度変化が数字で明確にわかるようになった。家周辺の温度や貯湯温度、およびその変化がリアルに分かり、体感温度との差異が明確になると、さらに部屋を暖めるべきか、あるいは窓を開けるべきかなどの行動につながるというのもある。常に財布に幾ら入っているか分かれば今すぐ買

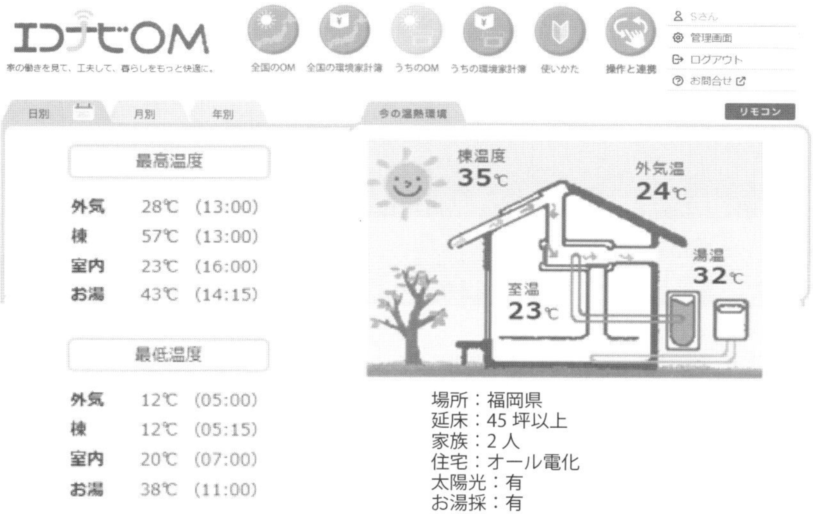

エコナビOM
家の働きを見て、工夫して、暮らしをもっと快適に。
全国のOM　全国の環境家計簿　うちのOM　うちの環境家計簿　使いかた　操作と連携
Sさん
管理画面
ログアウト
お問合せ
日別　月別　年別　今の温熱環境　リモコン

最高温度

外気	28℃	(13:00)
棟	57℃	(13:00)
室内	23℃	(16:00)
お湯	43℃	(14:15)

最低温度

外気	12℃	(05:00)
棟	12℃	(05:15)
室内	20℃	(07:00)
お湯	38℃	(11:00)

棟温度 35℃
外気温 24℃
湯温 32℃
室温 23℃

場所：福岡県
延床：45 坪以上
家族：2 人
住宅：オール電化
太陽光：有
お湯採：有

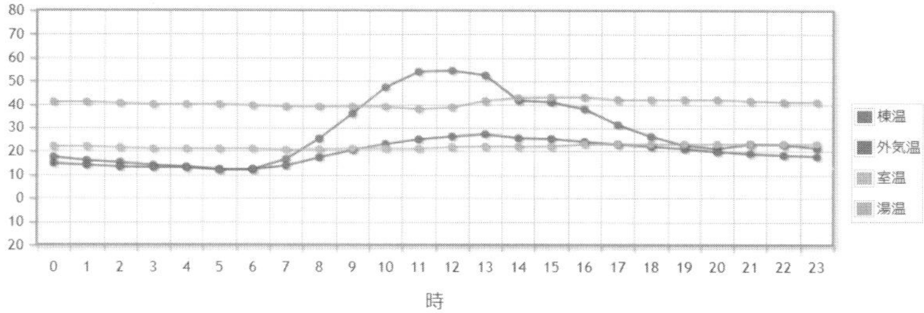

80 70 60 50 40 30 20 10 0 10 20
0 1 2 3 4 5 6 7 8 9 10 11 12 13 14 15 16 17 18 19 20 21 22 23
時
棟温　外気温　室温　湯温

パソコンで確認できるＯＭソーラーシステムの稼働状況

えるか諦めるか、判断がつくというもの。そうでないとお金の場合は頭で覚えておくことになる。

これからの時代はＡＩとかＩＯＴとかいって、物が全てつながり、それに対するアクションを人間ではなくて自動的にシステムが判断・実行してくれるようになっていくものだ。家庭でも家電は種類が多くてこのようなものの自動化はまだまだ発展途上だが、いずれ将来そのようになっていく。人間は家電などが今どのような状態かをチェックするだけになるのだろう。

キッチン近くに集中して設置したモニター
これで日々の電気使用状況が確認できる

グラフでパッと確認できるのは、やっぱり分かりやすいね。

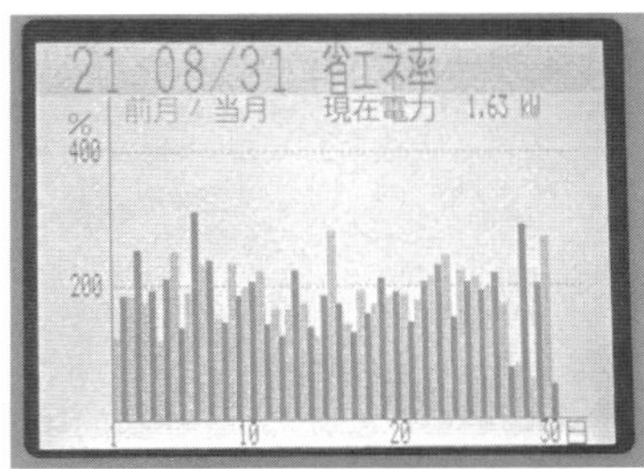

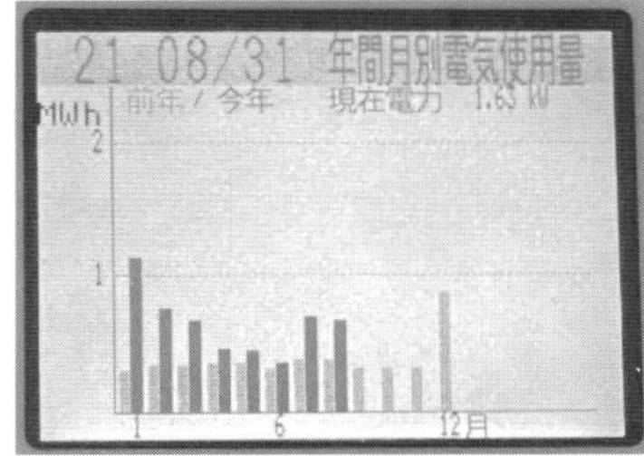

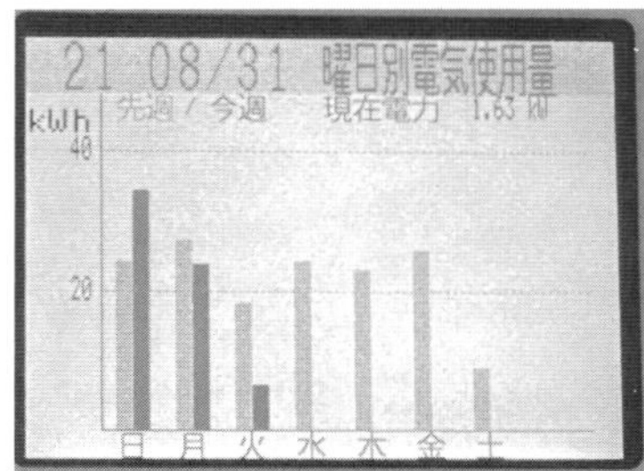

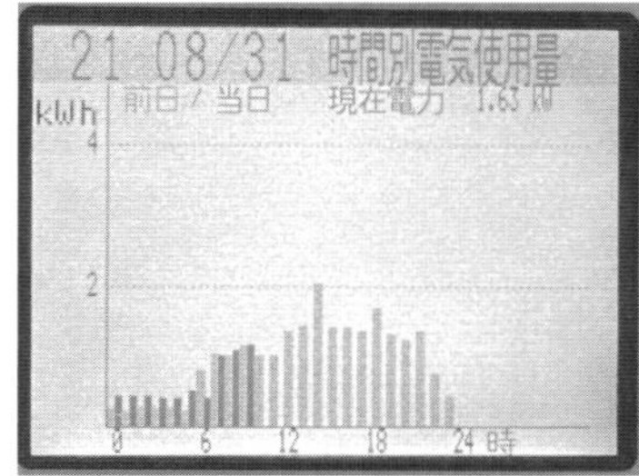

電気関係は色々な切り口で使用量が分かります

カフェで休憩　健康と運動

バランスのよい食事、適度な運動、良質な睡眠。よく言われる健康３要素ですが、当たり前ですがこれらは独立ではなくて互いに関連しあっています。

主食、主菜、副菜、乳製品、果物などを毎日どれだけ食べたらよいかを農林水産省も食事バランスガイドとして情報発信していますが、要はいかにおいしいものをおいしく食べるか、これに尽きると思います。お腹がすいて食べるのは最高、そのためにはよく動いてエネルギーを消化し、決まった時間にその消化度合いに応じて量を決める。

寝ている間にも脳や体は作られているので、睡眠の時間を確保することは大事です。仕事などのストレスで眠れないのはつらいですね。長く時間をとるしかないでしょう。早寝早起きの習慣は大事だと思います。

適度な運動は最低限のことを言っていて、体を維持しようとするとそれでは間に合わないと思います。筋肉に負荷をかけることにより筋肉は維持されますので、頑張って動かすしかありません。ただ動かすのはつらいので、目標を持つとか、コミュニティに参加するとか、継続できる方法を探すことが最も大事ではないでしょうか。（夫）

四　ＺＥＨは人生のエンドハウス

四―一　我が家もＺＥＨへ

（妻）いろいろと話を聞いたけど、やはり家の見直しはやるわけね。この年になってなんで今頃と人には言われそうだけど、お金がかかることだし慎重にお願いね。

（夫）確かに新型コロナが出てきて直ぐにでも皆死にそうに思えたり、世界ではあちこち紛争が絶えない現実からは、今後もいつ何が起きるか誰も分からない。しかし、間違いないのは今日まで元気でやれてきたのは、良かれと思ってやってきたことが正しかったということだし、これからも将来どうなるか、どうしたいかを自分なりに考えて具体的に行動していけば、何も悔やむことなく有意義な人生が送れるのではないか、ということだ。

住む家を見直すチャンスが今やってきて、これを実行すれば必ずや自分達にとってもよくなると思っている。いわゆるＺＥＨという家には三つの条件があって、断熱性能がいいこととエネルギー効率のいい設備を導入することで省エネを図り、太陽光発電設備を導入して創エネを図る。この条件が揃うと、快適で健康的な家が最も経済的に手に入るということだ。新規にＺＥＨの家を建てる人にとっては、最初の家の費用がＺＥＨでない家よりも高くて手が出ないと思うかもしれない。しかし、今や家は長く住むものだ。家で生活するのに光熱費が必要だがこれが高いし、今後もさらに高くなる。電気代、ガス代を毎月いくら払っているかをちゃんと把握して結果

元々、二階屋根部分にはＯＭソーラーシステム用のガラス板があったのに、よくパネルが20 枚も乗ったわね。さすがプロの技。

我が家の太陽光発電パネル

みると、三十年程度の計算で大きな差が出るというのが実態だ。今のエネルギーの費用で計算しても差がつくのに、将来、エネルギーの費用が安くなると思う人は一人もいないと思う。石炭・石油や天然ガスから作る電気しかり、車を動かすガソリンもどうなることやら。

（妻）電気でも走る車を先に購入していたけど、家には充電コンセントが無かったので当初はあまり生かされなかったみたいね。我が家では車は長く使っていて、使い方によってはガソリン代も家の光熱費と同じくらいだったので、これが減るのとそうでないのとでは家計上は大違いね。

（夫）我が家は今後どうなるか分からないとは言ったけど、これからの三十年を考えて計算すると、何もせずに今のままガスと電気を使い続けると、毎月電気は八千円、ガスで五千円は使い、一年間で十五万円、三十年間では四百五十万円となる計算だ。さらにガソリンも使うので、月五千円、年間で六万円として三十年は無理としても十年は車を使うとして六十万円になるかな。今、我が家をＺＥＨ化すれば、これらの費用よりははるかに安く済むという計算だ。

しかし、我が家は既に十年以上経っていて、ＺＥＨの三条件の中で断熱性能は構造的なもので簡単に後付けができない。これが必要条件を満たさないと、大がかりなリフォームを伴うところだが、そこは工務店に調べてもらったところ、クリアできるとの回答を得た。

ＢＥＬＳ（ベルス・建築物省エネルギー性能表示制度）と呼ばれる、第三者に省エネ性能を評価し認定してもらう制度があり、工務店はこれを使ったようだ。住宅の窓や外壁などの構造の省エネ性能を評価する基準と、設備機器などのエネルギー消費量を評価する基準とで、どのような構造になっているか、どのような設備を導入するかで机上で省エネ度合が分かるというものだ。

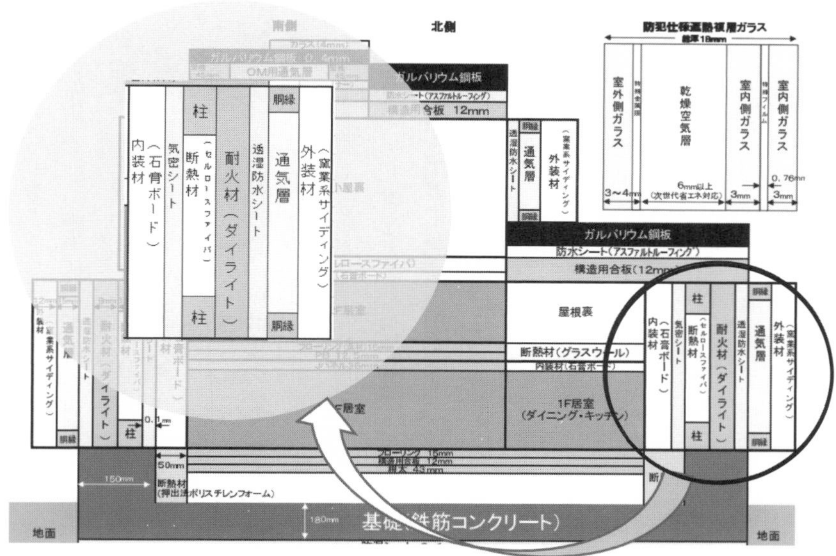

新築時の家の構造

断熱材として我が家で採用したセルローズファイバーは、回収された新聞などの古紙を主原料にした天然木質繊維系です。

出典：株式会社デコス　ホームページ

は、外皮平均熱貫流率という、簡単にいうと天井、壁などから逃げる熱量の合計を天井、壁などの全面積で割って求めるものの数値が、我が家の場合は〇・五四となり、東北地方の基準値並みのようだ。ＺＥＨの条件はこの数値が〇・六以下らしいので、充分基準を満たしていることになる。この値は専門用語でＵＡ値と呼ばれる。

ＢＥＩ（Building Energy Index）と呼ばれる、基準一次エネルギー消費量に対する机上での一次エネルギー消費量の削減についても、冷暖房設備、換気設備、照明設備、給湯設備などのエネルギー消費量の合計で算出され、我が家の場合は五〇％削減と出た。この場合、太陽光発電による自家消費による省エネ分も含んでいるが、これで星が五つのファイブスターになっている。さらに太陽光発電を考慮しての基準一次エネルギー消費量からの削減率は一三四％となっている。必要なエネルギーを使ってもさらに余りある創エネになっているということだ。

家の性能を表すのに難しい言葉や数値が出てきたが、要するに我が家は、新築時に高度な断熱性能の家を建てたのでこれはそのまま使え、ガスによる給湯からエコキュートと呼ばれる電気給湯機に置き換え、さらに屋根に太陽光発電パネルを可能な分搭載すれば、ＺＥＨを実現できるというわけだ。

（妻）新築の時に入れた、ＯＭソーラーシステムはどういう扱いになるの？　これも省エネだしＣＯ2削減に役立っているのでしょう？

（夫）そう、それも省エネ機器の一つだが、残念ながらＺＥＨの認定ではこれは対象外になっている。電気ストーブなどの家電の類と同じで、家屋に固定の設備ではないという認識だな。我が家

地域区分	都道府県
1・2	北海道
3	青森県・秋田県・岩手県
4	宮城県・山形県・福島県・栃木県・長野県・新潟県
5・6	茨城県・群馬県・山梨県・富山県・石川県・福井県・岐阜県・滋賀県・埼玉県・千葉県・東京都・神奈川県・静岡県・愛知県・三重県・京都府・大阪府・和歌山県・兵庫県・奈良県・岡山県・広島県・山口県・島根県・鳥取県・香川県・愛媛県・徳島県・高知県・福岡県・佐賀県・長崎県・大分県・熊本県
7	宮崎県・鹿児島県
8	沖縄県

日本全国を市町村単位で「1 地域～ 8 地域」まで 8 つに区分して地域ごとに省エネの基準となる数値が示されます。表は地域区分ごとの主な県の表示です。

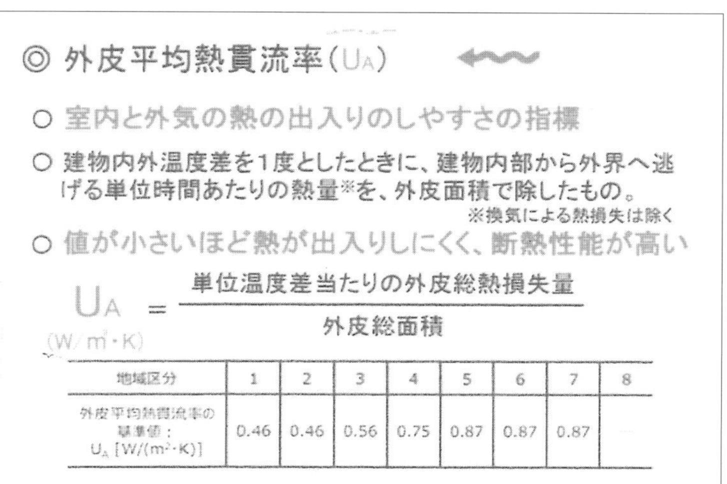

◎ 外皮平均熱貫流率（U_A）

○ 室内と外気の熱の出入りのしやすさの指標

○ 建物内外温度差を1度としたときに、建物内部から外界へ逃げる単位時間あたりの熱量※を、外皮面積で除したもの。

※換気による熱損失は除く

○ 値が小さいほど熱が出入りしにくく、断熱性能が高い

$$U_A \ (W/m^2 \cdot K) = \frac{\text{単位温度差当たりの外皮総熱損失量}}{\text{外皮総面積}}$$

地域区分	1	2	3	4	5	6	7	8
外皮平均熱貫流率の基準値：U_A [W/(m²・K)]	0.46	0.46	0.56	0.75	0.87	0.87	0.87	—

出典：「住宅における外皮性能」（国土交通省ホームページ　https://www.mlit.go.jp/）

は、南側に家があって、冬の南窓からの日射取得が厳しいので、ＯＭソーラーシステムはそれを補うシステムとして入れたが、晴れていることが条件だし日本海性気候の地域では冬はどんよりとした日が多いので、やはり電気ストーブと同じで間欠性の電化製品と同じ扱いになってもしょうがないな。

（妻）家の見直しをするのに、先ほどのベルスとやらの認証は、やらなければいけないの？　取得するのにもお金がかかるのでしょう？

（夫）鋭いな、その通りで我が家を建てた工務店を通じて認証取得手続きをお願いしたが、確かに認証が無くても工事は実施できるし、新たな生活は実現できる。しかし、車で言えば燃費がどれくらいかを認めてもらうとその車の価値が上がるのと同じで、家もＺＥＨかそうでないかで家の価値が変わるというものだ。将来、家を売却するとなるとＺＥＨだと高く売れるだろうな。

（妻）価値が上がるということは固定資産税も上がるの？

（夫）いや、それは無いと考えていい。前もあった、家の構造には触らず後付けで設備が付くので固定資産税の対象外だな。世の中一般的には、新築時にＺＥＨ認証取得すると、省エネ住宅ということで、国からの補助金が期待できるメリットがある。我が家の場合は新築ＺＥＨではなくて構造もそのままのＺＥＨ化なので、太陽光発電設備やエコキュートなどの高効率省エネ設備には補助金はなかった。

しかし、今回搭載する太陽光発電設備は、二階屋根と一階屋根に搭載可能な限りの太陽光発電パネル三十枚、七・五ｋＷという出力容量になるが、これが運用し始めると、ＦＩＴ（Feed-in

【参考】一次エネルギー消費性能

国土交通省

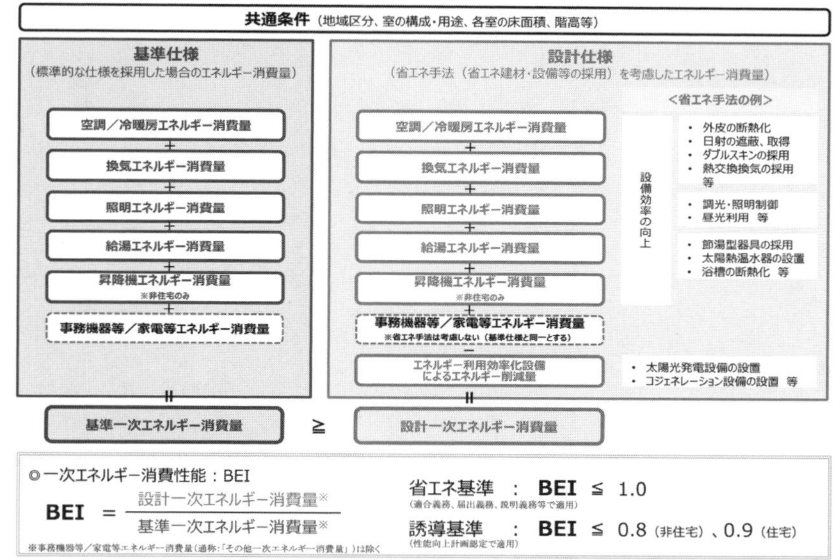

出典：「一次エネルギー消費性能」国土交通省ホームページ　https://www.mlit.go.jp/）

・消費性能を一次エネルギーで評価する理由

一次エネルギー：石油、石炭、天然ガス、太陽光、水力、風力 二次エネルギー：電気、ガソリン、都市ガス

一次エネルギーから二次エネルギーとして使いやすい形に取り出すのに、エネルギーは減少します。ガスはそのエネルギーはほとんど下がりませんが、電気は火力発電所で燃料を燃やして電気に変換するときに、燃やしたエネルギーに対して電気に変換できるのは40%しかありません。それ以外は熱として捨てられてしまいます。そして日本の電力はほとんどが火力発電所に頼っています。そのため、電気を使ったときの一次エネルギー消費量は、他の燃料に比べて極端に高くなってしまいます。

ＺＥＨなどの省エネ住宅の目的は、地球資源の使用量をなるべく少なくして地球を守るためですので、実際に資源として失われる一次エネルギーの消費量で比較することが求められます。このことから太陽光発電のような地産地消は最高の高効率エネルギーですね。

Tariff）と呼ばれる、国の「再生可能エネルギーの固定価格買取制度」の対象になり、一定期間、本来の価格より高い価格で買い取ってくれるという、補助金と同じようなものがある。これは国の施策でもう十年くらい前から始まったものだが、地球温暖化対策の一環で一般住宅でもできる再生可能エネルギーの拡大を図るのが目的だ。再生可能エネルギーにより日常生活の見直しを図ることは、我々一般市民ができる社会問題への対応にもなるので、ある程度、国民の責務ともいえると思う。

（妻）太陽光発電システムを取り入れて余った電気を売るのに普通より高く買ってくれるというけど、この高い分は国ではなくて、電気を買う人が負担しているみたいね。電気を買うと、電気代そのものに加え、消費税はもちろん、この再エネ賦課金、それに燃料調整費とやらがあって、えらく高いものにつくのよね。こちらとしては省エネとしてやっていると思っているけど、その分付けが他の人に回るというのはちょっと心苦しいわね。

（夫）とにかく常に省エネに心掛けることが大事。これはどんな社会になろうとも変わらない普遍的なことだと思う。

（妻）省エネに限らず、省マネーもお願いね。

BELS
Building-Housing Energy-efficiency Labeling System
建築物省エネルギー性能表示制度

この住宅の設計一次エネルギー消費量　50%削減　195MJ/(㎡・年)

◀ 少ない　　多い ▶

0

誘導基準（10%削減）　省エネ基準 390MJ/(㎡・年)

一次エネルギー消費量基準	適合(ゼロエネ相当)
外皮基準	適合 U_A=0.54

ZEH

薗田徹弥様邸改修工事
2021年2月26日交付
国土交通省告示に基づく第三者認証
（株式会社ハウスジーメン）

ＺＥＨであることの公的な認証・ＢＥＬＳ

四―二　ZEHとオール電化

(妻) 私は調理が好きだったから、長い間ガス派だったのを新築を機にＩＨへ変更して、給湯だけのためにガスを残したけど、いよいよガスとはお別れになるのね。ＺＥＨというのはオール電化が条件なのかしら。

(夫) 一般的にはガスは、空調、給湯、調理に使えるが、空調といっても暖房だけにしか使えず、冷房にも使えるエアコンは、ヒートポンプという仕組みが最高の省エネになっており、非常に経済的だ。エアコンのデメリットは急激に温めたり冷やしたりするのが苦手ということだが、建物の断熱性能がよければ長時間運転で早くからゆっくり立ち上げればいいし、広い部屋全体を温めたりするのが基本なので、直接風が当たるのがいやなら、風向調整はどうでもできる。

給湯は、ガス瞬間湯沸かし器が設置コストがかなり安いので、初期費用で電気給湯器より断然有利と思えるかもしれないが、ヒートポンプを使うエコキュートという省エネタイプの電気給湯器では、ランニングコストで十分に埋め合わせできる。さらにはガスの場合、都市ガスだけど家に引き込むためのガス配管工事が必須でこれが高額だ。ガスをやめればガスの基本料金も必要なくなるので、ガスよりはオール電化に軍配があがるね。

(妻) ガスには我が家で使っている都市ガスとプロパンガスというのがあるけど、どう違うのかしら。

(夫) 都市ガスは配管のある都市部で供給され、プロパンガスは都市部以外でボンベで供給されるという違いはあるが、プロパンガスはボンベの配送にかかるコストが高く都市ガスよりも割高のよ

⇓　ガス給湯からエコキュートへ

うだ。いずれにしてもＺＥＨにおける電気は太陽光発電などの創エネが前提になっているので、ＺＥＨの経済性が逆転されることはない。

ＺＥＨというのは、家を建てる時の最初の費用と日々の水光熱費などの家に住むための合計費用が安くなるという経済性の追求の結果なので、オール電化がＺＥＨの条件ではないが、経済性を求めるなら必然的にＺＥＨになると考えた方がいい。

電気とガスの関係では、もう一つ、防災面でも違いがあることを忘れてはならないと思う。私は二〇一六年四月に発生した熊本地震のときは熊本市内に在住していた。通信、電気、ガスのインフラの中で、通信は電話よりもインターネットが活躍して間断なく災害対策に大いにその機能を発揮したが、電気は数日で回復、ガスは都市ガスということもあり、二週間ほどその復旧に期日を要した。当時は寮生活だったが、二週間は食事と風呂に難儀したものだ。同じインフラでも激甚災害における都市ガスの脆弱性が明らかになった一例だ。その中で、市内某所にあった銭湯屋さんがやっていると聞いて熊本市の配慮で無料で入れて助かったが、何とそこは元々が薪で風呂釜を沸かす銭湯だった。シンプルイズベスト。昔ながらのやり方は強いと思ったものだ。

出典：「ガイドラインが目指す住まいのイメージ」
（国土交通省ホームページ　https://www.mlit.go.jp/）

配慮項目	概　要	特に重要と考えられる項目
①温熱環境	・開口部など住宅の断熱性を高め、暖冷房設備を適切に設置する ・居室と非居室の間で過度な温度差を生じさせない	●
②外出のしやすさ	・玄関や勝手口から道路まで安心して移動できるようにする ・外出や来訪のしやすい玄関とする	●
③トイレ・浴室の利用のしやすさ	・寝室からトイレまで行きやすくする ・トイレ、脱衣室や浴室の温熱・バリアフリー環境を確保する	●
④日常生活空間の合理化	・日常的な生活空間を同じ階にまとめる ・よく利用する空間を一体的にし、広く使えるようにする	●
⑤主要動線上のバリアフリー	・日常生活において家事、外出、トイレなどによく利用する動線をバリアフリー化する	
⑥設備の導入・更新	・安全性が高く、使いやすい、メンテナンスが容易な設備を導入または更新する	
⑦光・音・匂い・湿度など	・日照、採光、遮音、通風など適切な室内環境を確保する	
⑧余剰空間の活用	・余った部屋を収納、趣味、交流などの空間として利用する	

出典：「高齢期の健康で快適な暮らしのための住まいの改修ガイドラインの概要」
（国土交通省ホームページ　https://www.mlit.go.jp/）

四―三　ＺＥＨを体感

娘（ＭＩＫＫＩ）

二〇二一年、暑い時期の七月に太陽光発電システムが稼働を開始して、先に設置していたエコキュートによる給湯、やはり既設のエアコンによる空調の生活が始まります。そこから次の年の三月まで、夏と冬を一回ずつ経験したことになりました。

（妻）ＺＥＨの家って、冷暖房はエアコンだけで快適に過ごせるって聞いていたので、専用のエアコンに変えるとか何か特別なことをしてそうなるのかと思っていたけど、ただ以前から使っていたエアコンを二十四時間付けっぱなしにするだけじゃないの。別に太陽光発電が無くてもそれはできると思うけど、一体何が違うの？

（夫）エアコンは石油やガスによる暖房に比べて不経済で、つけっぱなしにしたらいくらお金がかかるか分からないという先入観があると思う。確かに、石油ストーブ、電気ストーブ、ガスストーブのいずれも局所的に温めるものであって、直ぐに温まるし、そこだけ温めるだけならエアコンは経済的にお手上げだろう。さらにエアコンの温風は直接肌に当たると嫌に感じることが多いと思う。従来型のストーブで何が悪い、と言われそうだが、ＺＥＨというのは、家の中で温度差があることによるヒートショックの問題や結露が発生しやすいことを解決し、家の中のどこにいても快適で、仕切りが少ないので動線が確保しやすいなどの健康的、快適な住まいを経済的に得る

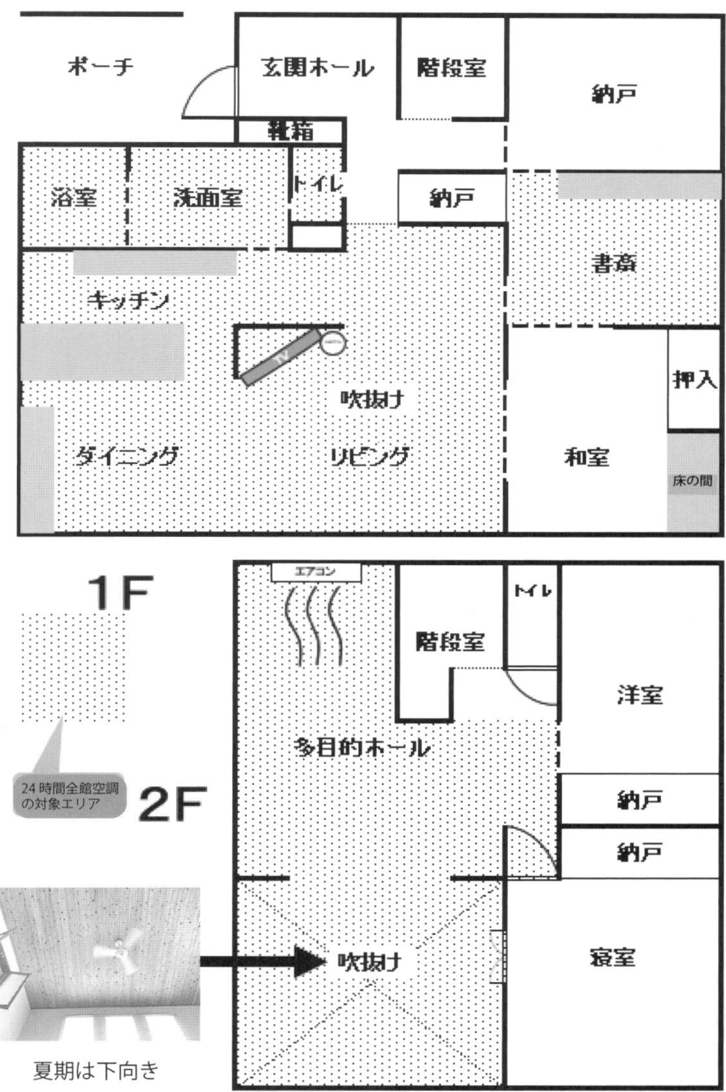

夏期の 24 時間全館空調の対象エリア

ことができますよという問いかけだと思う。高度に発展した先進社会からの提案だ。従来型の住まいを選ぶか、どちらを選ぶかは個人の自由であり、我が家は何もしないことより今後のことを考えた末、ZEH化を選んだだけのことだ。

ZEHというものがどのようなものか、実際に長く住んでみないと分からないと思ったが、この一年は目から鱗だったと思う。確かに太陽光発電なしでも断熱性能さえ確保すれば、快適、健康的な住まいを得ることができるのは間違いない。しかし、何が異なるかというとお金の問題だ。長く住む上で生活費が安くならないと、いくら快適だの健康的だのと言っても金持ちの道楽になりかねない。お金がかからないというのは、精神的な健康面では最高だとも思う。

（妻）元々、書道教室も持っていて自宅にいる機会が多い私にとっては、新築してからも暑さ寒さはその場しのぎで十分だと思っていたし、節約は当たり前、贅沢は敵だとの思いは強いわね。そのような年代かもしれないけど、二十四時間全館空調なんてのは会社とかホテルなどの話だと思っていて、それが我が家で手に入るというのは夢物語の実現よね。ましてや吹抜けもあって、これが部屋全体が温まるなんてやってみるものね。コロンブスの卵かしら。

（夫）昨年七月にZEH化して直後の七月から九月、冬の十二月から翌二月まで、夏は室内温度を二十八度設定、冬は二三度設定でエアコンだけでやってみた結果をグラフにまとめてみた。全館空調とはいえ、普段使わない部屋は対象外だ。夏は二階の多目的ルームに設置のエアコン一台を使い、冬は一階ダイニングに設置のやはり一台のエアコンで二十四時間稼働させて、部屋の温度が外気温に対してどの程度推移するかやってみた。

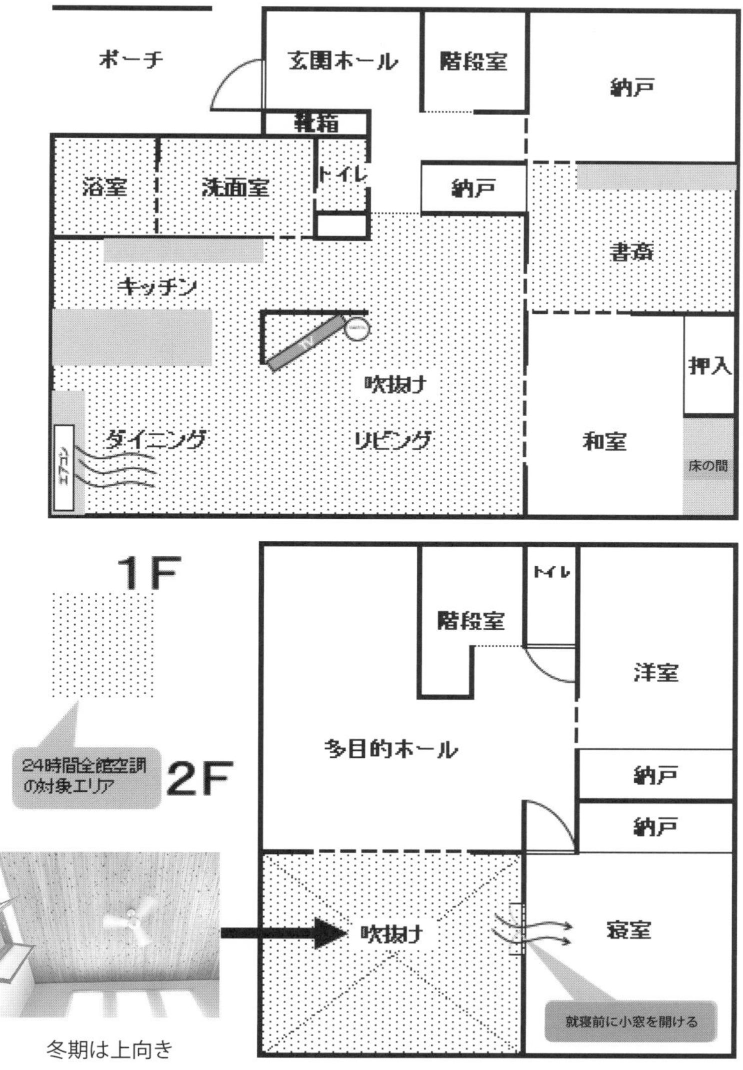

冬期の24時間全館空調のエリア

この夏は長雨もあり例年に比べて普通の夏のようだったようで、外気温の平均最高温度三三度、平均最低気温二四度に対し、室温の平均最高温度は二九度、平均最低温度は二七度と安定した温度を保ってくれた。湿気も取りながらの環境だったので、とても爽やかな夏を過ごせた。

特徴的だったのは、二階に設置のエアコンは小型ながら風力を大きくすると、冷気は二階の床を這いながら吹抜け空間を滝のように落ちていって、一階をもくまなく冷やしてくれたことだ。ただ寝室だけは就寝の二時間くらい前に元々設置の寝室のエアコンで間欠的に冷やして、タイマー切断とした。寝室は独立していて熱がこもりやすいので、やむを得ない方法だったと思う。風の流れとして冷風は重いので自然と上から下に落ちてくるが、これをさらに効果的にするために吹抜け天井のシーリングファンを下向きにして回すと、空気は掻き混ぜられてすべての部屋に空気が行きわたるようだ。折しも夏休みで孫たちが帰ってきて、二階の多目的ホールで寝相が悪くても広々と気持ちよさそうに寝ているのを見たとき、束の間の幸福感を感じたね。

(妻) これまでの夏は、暑ければ窓を開けて風を取り入れ、さらに扇風機を体に当てれば汗も何とか引くし、エアコンの冷えた風は風邪をひきそうに思えて使いずらかったわね。蒸し暑い外の空気が家中に充満して、夜に窓を閉めれば湿気は部屋の中に残ったままで、これが積もり積もって夏の結露になるなんて、思いもしなかった。一階のエアコンは暖房専用にしたので、エアコンの冷風をまともに受けることはなくなったし、二階から冷やすこのやり方で、どこにいても爽やかに感じて避暑地にいるような気分だったわ。

(夫) 夏は湿度が高くなるので、六〇%以上にならないように気を付けていたが、木造無垢の床や珪

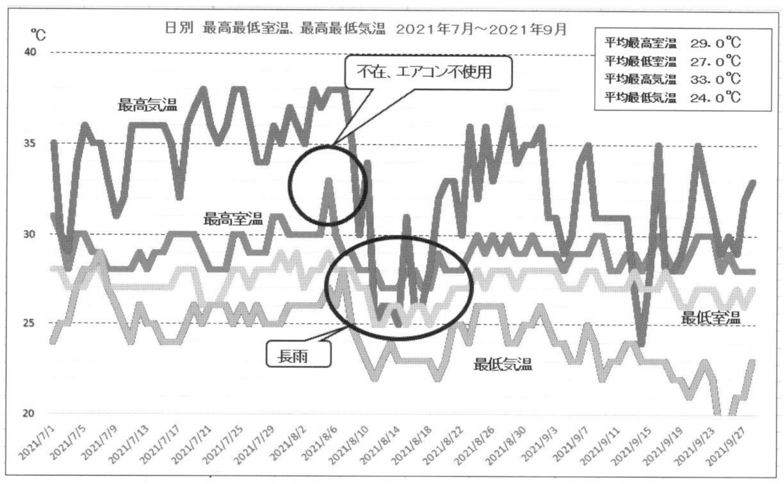

夏期 24 時間全館空調（2021 年 7 月～ 9 月）

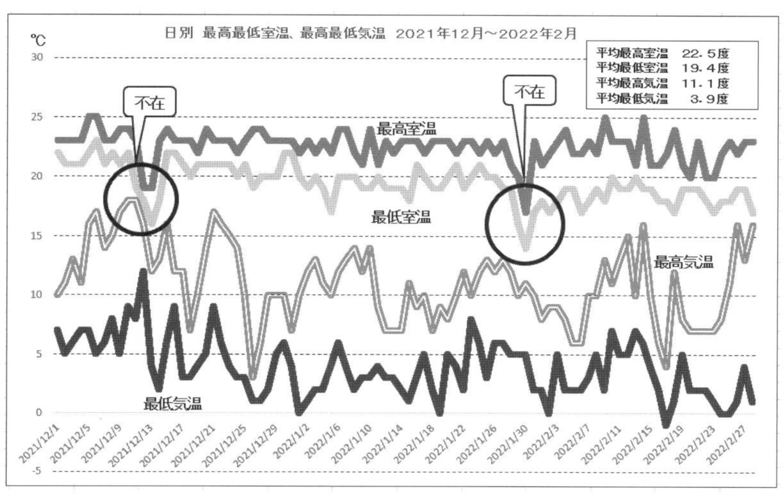

冬期 24 時間全館空調（2021 年 12 月～ 2022 年 2 月）

藻土壁もあり、もともとエアコンには除湿機能もあるので何とかなっていたようだ。

問題は冬の過ごし方だったな。昨年十二月から今年二月までの冬季は、例年に比べ寒く感じる期間が長かったようだ。外の最高気温が一〇度を切り出すと寒さを感じ始め、最低気温が一〇度を上回り始めると暖かく感じた。冬は一階のエアコンの出番で、設定温度は二三度としたが、実際は外気温の平均最高温度一一度、平均最低温度四度に対し、室温の平均最高温度は二二度、平均最低温度は一九度と、二〇度前後の室温を保てた格好だ。全館二十四時間空調とはいっても、玄関や和室など普段あまり使わない部屋は閉め切って天井のシーリングファンを上向きにして空気を掻き混ぜた。外が零度近くなる朝方はエアコンもフル稼働のようで、風量を最大にしてもある程度室温も下がったようだ。

（妻）一階のエアコンは物はいいかもしれないけど、もう十五年以上使っていてくたびれていない？よく壊れずに頑張っているわね。

（夫）電気製品は壊れる時はある日突然やってくる。いつ壊れるかはある程度運、不運だ。昔の製品はシンプル機能なので長持ちするのかもしれないが、ちゃんと温風が出ているのでまだ問題ないだろう。

我が家は断熱性能がいいので、外気温度には追随せずに室温を保てるのはありがたかった。もし、二十四時間空調にせずに寝る時にエアコンを止めて朝に再度エアコンを使おうとしても、部屋は朝方までに冷え切ってしまうので、また二〇度程度まで引き上げるのに昼くらいまで時間がかかっただろう。二階の寝室については全館空調の対象外にしたが、寝る数時間前に吹抜けに面

郵　便　は　が　き

料金受取人払郵便

８　１　２ ― ８　７　９　０

博多北局
承　認
0612

169

差出有効期間
2024年8月
31日まで

福岡市博多区千代3-2-1
麻生ハウス３Ｆ

㈱ 梓 書 院

読者カード係　行

ご愛読ありがとうございます

お客様のご意見をお聞かせ頂きたく、アンケートにご協力下さい。

ふりがな お 名 前	性　別（男・女）
ご 住 所 〒	
電　　話	
ご 職 業	（　　　　歳）

梓書院の本をお買い求め頂きありがとうございます。

下の項目についてご意見をお聞かせいただきたく、
ご記入のうえご投函いただきますようお願い致します。

お求めになった本のタイトル

ご購入の動機
1書店の店頭でみて　2新聞雑誌等の広告をみて　3書評をみて
4人にすすめられて　5その他（　　　　　　　　　　）
＊お買い上げ書店名（　　　　　　　　　　）

本書についてのご感想・ご意見をお聞かせ下さい。
〈内容について〉

〈装幀について〉（カバー・表紙・タイトル・編集）

今興味があるテーマ・企画などお聞かせ下さい。

ご出版を考えられたことはございますか？

・あ　る　　・な　い　　・現在、考えている

ご協力ありがとうございました。

している寝室の小窓を開けて、吹抜け天井付近の暖かい暖気を寝室に取り入れることで十分だった。

冬期は湿度が低くなるので、加湿器を使って四〇%を切らないようにしていたが、朝から晩まで加湿器はフル回転で毎日十リットルは使っていたようだ。さらに浴室も全館空調の対象なので、風呂上りには浴室の扉を開けたままで水蒸気を浴室外に取り入れるようにした。

（妻）寝室の暖房は、二階という場所で吹抜けに面しているということを利用して寝室専用のエアコンを使わなくて済むなんて、デザイン的に設けた小窓が大いに役立ったわけね。私は寒さに弱くて以前は朝方に布団から出れないということがあったけど、それもなくなったわね。寝室には数年前にエアコンを設置したけど、夏だけちょこっと使うだけなんて当て外れだったわ。

ところで、二十四時間空調で快適だったのはいいけど、それに使った電気代はどうだったの。今さら赤字とは言わないよね。

四―四　ＺＥＨで変わる人生観

（夫）再生可能エネルギーといっても日々、太陽光発電で得られるエネルギーには限りがあるので、ＺＥＨの考え方は、まず日々利用するエネルギーを減らしましょう、次にどうしても必要な分を外からのエネルギーで補いましょうという手順だ。このエネルギーの量を表すのに世の中ではカロリーやジュール、ワットなどいろんな表現方法があるが、身近では電気の話が多いので、ワットやキロワット時という単位はお金の円と同じように理解しておいてほしい。

実は電気も水も同じようにパイプと流れがあり、流れがあって初めて使ったことになる。水道管は電線に相当し、中を流れる水が電気と同じで、水道の場合はその口径で基本料が決まるように、電気も最大同時に何ワット使えるかで基本料が決まる。一般家庭の基本料は、一〇〇ボルトが主流なので、ワットが電流（アンペア）と電圧（ボルト）の積で構成されることからアンペアでの表現が多いが、ここではややこしいのでワットで統一する。

さて、電気代は一般的に一キロワット時当たりいくらで、何キロワット時使ったので合計幾らと計算されるが、一般的には一キロワット時当たりの電気単価は昼と夜でも異なるし地域でも異なるので、お金で比較するより、なるべく使った量のキロワット時で見ていった方が分かりやすいと思う。

昨年七月から九月、十二月から翌二月までの二十四時間全館空調の時期を含む期間の電気使用量などをまとめてみた。その間の全発電量は約七千キロワット時、使った電気量もほぼ同等

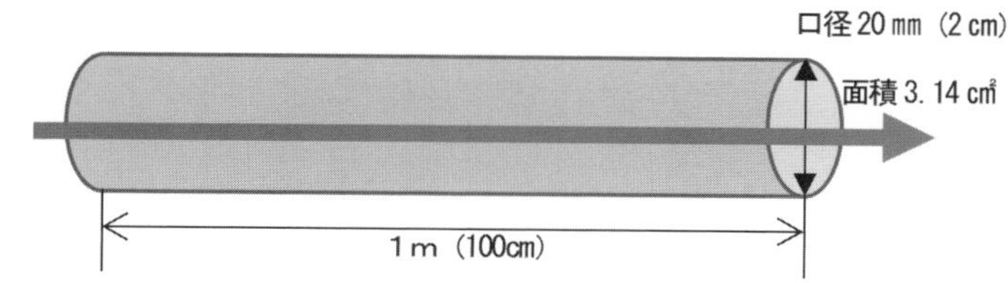

1時間に水が1m流れるとするとその流量は　3.14㎠（口径面積）×100㎝＝314㎤時

水道の例　口径と流量

ＩＨ　1kw（1キロワット）

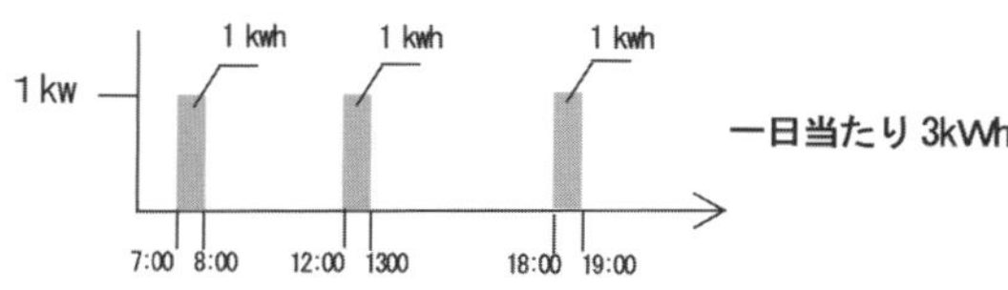

電気の例　ｋＷ（キロワット）とｋＷｈ（キロワット時）

ｋＷ（電力）　　　：出すことができる力の大きさを示す単位
ｋＷｈ（電力量）：どれだけの力でどれだけの時間仕事をしたか、
　　　　　　　　　その仕事量（エネルギー量）を示す単位

１ｋＷの力を出すモーターが２時間運転すると、
１ｋＷ×２ｈ＝２ｋＷｈの電気エネルギー量を消費する。

相変わらず計算が好きね、どんな数字を出されても理解するのは難しそうね。

誰のことかしら。

の七千百キロワット時だったが、実は我が家ではＰＨＥＶ（Plug-in Hybrid Electric Vehicle：主に電力で走行し燃料は電気とガソリン）の車を使用しており、このための充電量を除くと六千四百キロワット時だったことが分かる。

春、秋の気候のいい季節では月五百キロワット時の消費で済むが、十二月から二月までの冬期はその二倍強の千キロワット時を使っている。夏の冷房期に使う電気は普段の一、二割増しだが、冬季は十度以上二十度近くの温度差を埋めないといけないので、エアコンもオーバーヒート気味に働いたかな。発電量も日照時間が短い冬期には少なくなるのは当然ということが分かる。いずれにしても年間では問題なく収支は合っているし、おつりがくるので車のガソリン代の節約にも貢献できたようだ。

（妻）しかし、この家に住んで十年以上経ってからこのような生活になるとは夢にも思わなかったわ。田舎の実家では、やはり昔のつくりの家なので寒いったらないの、エアコンもあるのでヒートショックを防ぐためにもつけるように言ってるので、温度設定し、タイマーでやってるみたい。朝方はとても寒くなるけど、やはり習慣的にも電気代がどれだけかかるのか分からないので、暖房を入れたままというのは精神的にもストレスになると思う。自然エネルギーで賄えるようになって、実際やってみると思ったほどはエネルギーを使わなくても、快適に健康的に過ごせるというのは、一体、これまでは何だったのかなと思うわね。自分たちも人生の節目にきて、新しい生活にギリギリ間に合ったということかしら。

（夫）機械や設備は必ずいつかは壊れるものと考えていい。どんなものでも最低一年保証はあるけど、

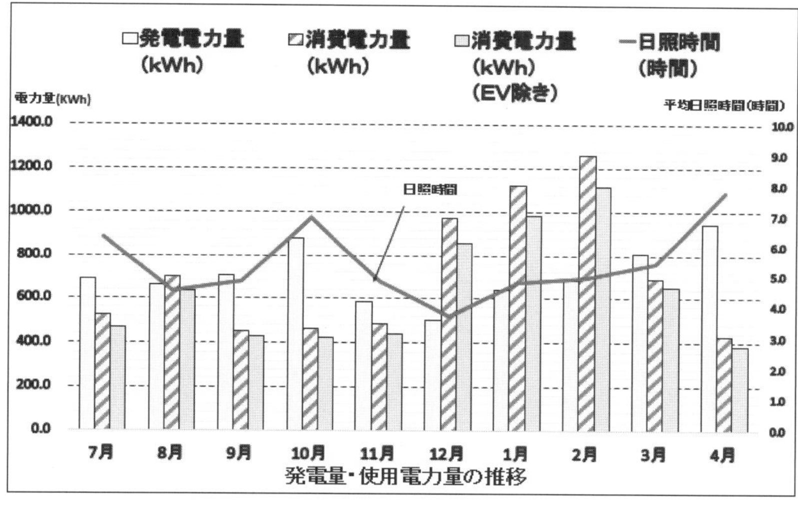

発電量、消費電力量の推移（2021 年 7 月～ 2022 年 4 月）

	発電電力量（kWh）	消費電力量（kWh）	消費電力量（kWh）（EV除き）	日照時間（時間）
7月	689.7	523.8	470.1	6.3
8月	661.4	697.9	634.9	4.5
9月	702.8	452.3	430.8	4.8
10月	879.3	460.3	422.8	7.0
11月	582.2	483.6	439.8	4.8
12月	501.4	977.3	858.1	3.7
1月	636.3	1123.7	986.2	4.8
2月	681.2	1258.5	1116.7	5.0
3月	811.2	686.4	650.4	5.4
4月	946.9	431.5	383.5	7.8
計	7092.4	7095.3	6393.3	—
平均	709.2	709.5	639.3	5.4

今回の太陽光発電パネルは二十五年、直流交流変換のパワコンとよばれるものは十五年、エコキュートは数年のようだ。実際にいつ壊れるかは、これは手入れや点検状況などにもよるが分からないのが現状。

しかし、一階のエアコンの十五年や冷蔵庫の十三年は立派。この冷蔵庫は年間消費電力量が六百キロワット時と最近の冷蔵庫に比べると倍で、一キロワット時が買えば三〇円だとすると年間で九千円、十年で九万円と差が出てきて、買い替えた方がお得？と考えたりもするが、同じ機能であれば壊れてもいないものを代えることはできない。車のように時代とともに安全性能や燃費性能が上がるものは替えることによるメリットは大きいが、それでも十年単位での置き換えだろう。

ＺＥＨは長い人生を前提に提唱されているので、若い人が家を持つのには最高の選択だと思う。しかし我が家のように人生の曲がり角にきてもこのような選択ができたというのは、タイミングというか幸運というか、人生のやり直しができると考えてもいいのではないか。二〇五〇年カーボンニュートラルという未知の世界に向かっていく元気を頂いたと思う。

令和３年一年間の電動車（ＰＨＥＶ）によるガソリン、電気の消費状況

・走行距離：　６，６３６ｋｍ
・給油　　：　　２５７Ｌ
・燃費　　：　１３ｋｍ／Ｌ　　（実測値）
・電費　　：　　４ｋｍ／ｋＷｈ（実測値）
・ガソリン：　１７０円／Ｌ
・充電ｺｽﾄ　：　１０円／ｋＷｈ

これから、ガソリンで走った距離は、
　　２５７Ｌ×１３km／Ｌ＝３，３４１ｋｍ
電気だけで走行した距離は、
　　６，６３６ｋｍ－３，３４１ｋｍ＝３，２９５ｋｍ
充電量は、
　　３，２９５ｋｍ÷４ｋｍ／ｋｗｈ＝８２４ｋＷｈ
充電コスト
　　８２４ｋＷｈ×１０円＝８，２４０円
これを電気でなくガソリンで走ったとすると、
　　３，２９５ｋｍ÷１３ｋｍ／Ｌ×１７０円＝４３，０８８円
これから年間での燃料費削減額は以下のように推定されます。
　　４３，０８８円－８，２４０円＝３４，８４８円

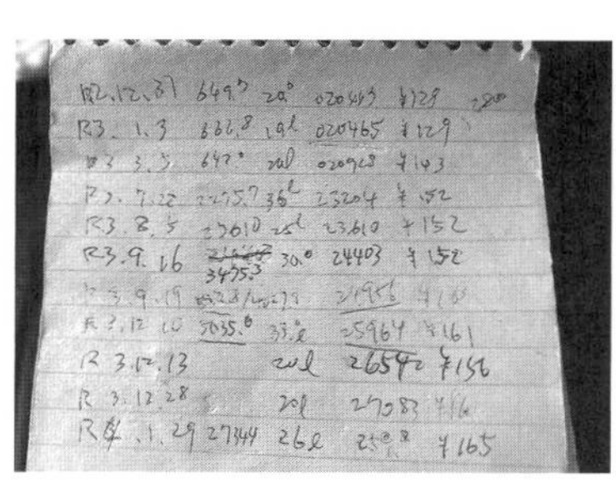
給油メモ

四―五　地球環境を守るZEH

（妻）我が家もZEHになって外から買う電気やガスが大幅に減って光熱費も助かるわね。自動的に地球温暖化の問題で世界中がCO2削減に向かっているので、些細だけど貢献できるわけね。

（夫）日本で二酸化炭素を排出している量を部門別にみると、エネルギー転換部門といって石油、石炭、LNG（液化天然ガス）などの一次エネルギー（自然から得られるエネルギー）を使いやすい電気など（二次エネルギー）に転換させる役割を持つ部門が四〇％と最も大きいことが分かる。家庭部門の五・三％は日々家で使う灯油や都市ガスのことだ。

家庭では、かつて暖房・給湯に灯油、ガスを使っていたのが次第に電気に置き替えられたが、その電気を作るのに実は一次エネルギー量の半分近くを転換ロスで失い、さらに送電でも大きくエネルギーが減って、実際使えるのは四割しかない。なんてことはない、家庭において一〇〇％のエネルギーを取り出せる灯油から電気に変えることによって、大元でのエネルギー消費量が増えてしまった、ということだ。エネルギー全体の消費量が増えたのが「電気を使うようにした」のが原因という皮肉な結果を生んでしまった。

このことから、電気に頼らない方法としてまず家を断熱して省エネを図る。次にエネルギーを効率的に使う高効率設備を使う。最後に最低必要なエネルギーはなるべく直接消費できるようにCO2を出さない太陽光発電で賄うということだろう。ガス発電もあるが二酸化炭素を出すので使い難い。

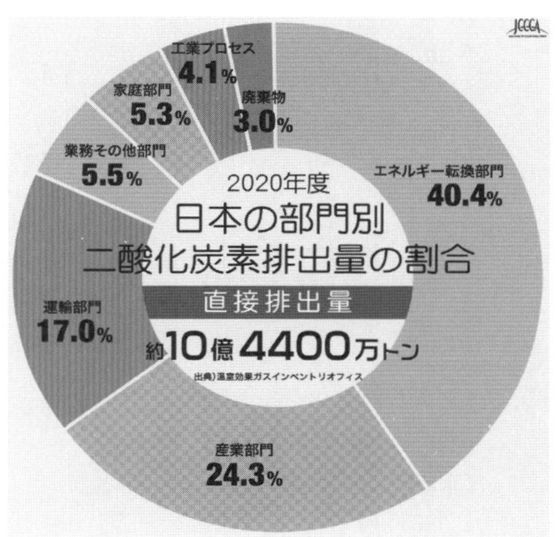

直接排出量は電力会社などの生産者からの排出。火力発電所などでは燃料からのエネルギーは４割しか電気にならないなんてね。

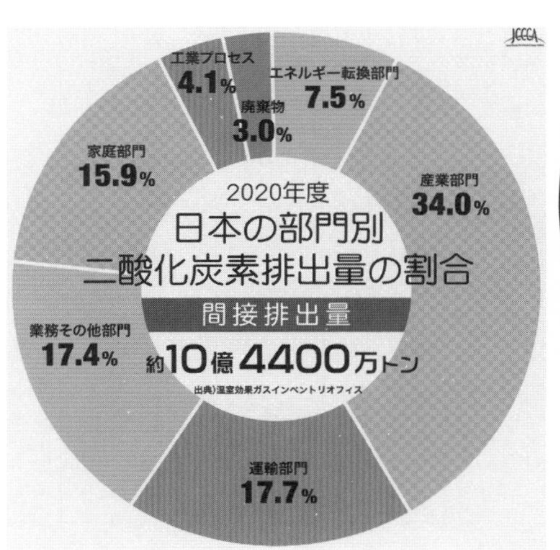

間接排出量は消費者などの需要者からの排出。
やはり家庭での消費量も多いので、家では化石燃料は使わない、電気も節約は大事ね。

出典：JCCCA（全国地球温暖化防止活動推進センター）ホームページ

四―六　工務店の進めるZEH

（妻）我が家を建ててくれた工務店も木造無垢の自然素材との共生に加えて、自然エネルギーによる経済的な生活が実現できるとなると、引く手あまたの状況になっているのかしら。昔は、ＯＭソーラーシステムを売りにした省エネを極めた家がテーマだったと思うけど、ＺＥＨになるとどこの工務店でもＺＥＨはできるので、他の店との違いを出すのは難しそうね。

（夫）日本では断熱性能の基準値が欧米に比べてあまりにも低いので、全国的に高い断熱性能の標準化が進められていて、近くそれが運用開始されるようだ。我が工務店は常に時代の最先端をいっていて、新築時の我が家のＵＡ値〇・五四が、近く新設された断熱等級五の〇・六を下回っているというのもその一例と思う。

政府は二〇三〇年までに新築戸建住宅の平均をＺＥＨにするとしているが、我が工務店は建てる全戸がＺＥＨで、中にはリフォーム物件もあり、親世代の家を何とか残したい、しかし断熱性能が命なので新築とあまり変わらない値段になってもやりたいとのニーズにも応えているようだ。リフォームでは柱と梁などの基本骨格以外は基礎も含めやり替えとなる。

しかし、我が家のＺＥＨ化にあたって、我が工務店が実際手がけている現場に行ってＺＥＨの家を見せてもらったが、それはもう完璧な省エネハウスだな。まず床暖が違う。我が家は後付けＺＥＨなので既存の壁掛けのエアコンで暖房したが、新築のＺＥＨでは床の一部に穴をあけてそこに普通のエアコンを下向きにして基礎空間を温め、あちこちに設置している床吹出口から暖気

エアコンの下向きでの床暖（エコワークスのホームページより）

基礎からの床吹出口

を室内に取り込むやり方をしている。伝導、対流、輻射という熱の伝わり方の中で、床から伝わる伝導と吹き出しからの対流とダブルで室内を温めている、羨ましいばかりの暖房方法だ。床暖専用のエアコンではないのでこれが故障したら市販品に取替え可能だ。注意しないといけないのは、部屋が暑いからといってこのエアコンを冷房設定にすると基礎空間で結露の可能性が出てくるということぐらいかな。冷房は別のエアコンで二階とか室内空間の上部に設置して上からの冷気で室内を冷やすことになる。

新築ZEHでは、夏は長い庇で高度の太陽からの日射を遮蔽し、冬は逆に低い太陽からの日射を大きな窓で取得するように計算されているようだ。このような家で南側に隣家などが無ければ、暖房無しでも過ごせそうな感じだな。

我が工務店はZEHの実績も多くあり、標準的なZEHの家では、家族構成四人、約五kWの太陽光パネルを搭載して、年間発電量と自家消費量＋買電量が約六千六百kWhでほぼ一致しているとのことだった。また太陽光発電システムの設置についても、設置から十年で投資回収できるとのシュミレーション結果がでている。

最近、HEAT二〇（ヒート20）という断熱性能を表す評価基準が出てきているが、我が家はこれに当てはめるとG1となり、最低室温が概ね一〇度を下回らない性能だが、これからの時代は悪くてもG2らしく、最低室温が概ね一三度を下回らない性能ということで、これから新たに家を建てる人がとても羨ましく思えるね。

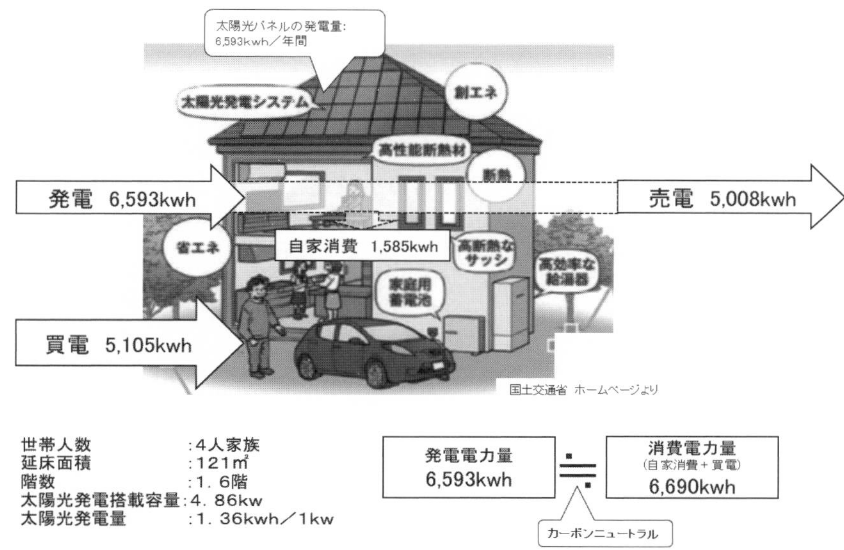

標準型 ZEH モデル（工務店調査 24 件の平均）

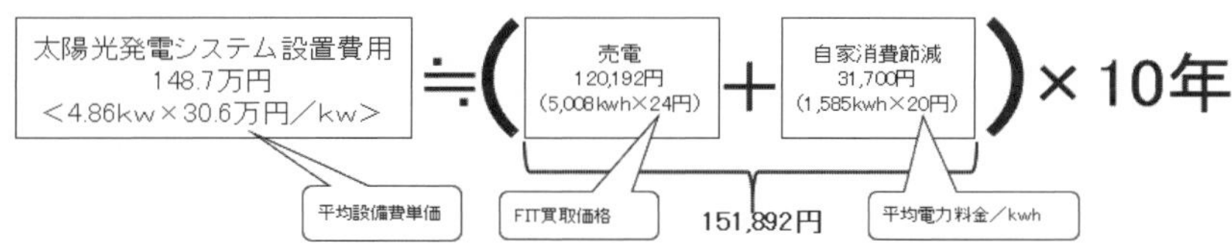

標準型 ZEH モデル（工務店調査 24 件の平均）FIT 試算（2019 年ベース）

NEWS RELEASE
エコワークス株式会社
2021年1月7日　1/3

各位

エコワークス、
G2グレード住宅の室温を大規模調査
～冬期 月平均7千円でWHO提唱の全館室温最低18℃を実現～

エコワークス全館床暖房システムは冬期でもWHOの提唱する最低室温18℃を実現

【考察】調査対象４６戸のうち都市部に立地する住宅２７戸の平均室温は、分析期間の厳寒期において全館が最低１８℃の室温をほぼ維持できていることを確認した。
【調査内容】分析対象２７戸において、リビング・寝室・脱衣室に設置した温度センサーにより測定期間一年間において１０分間おきの連続測定を実施した。本分析においては特に冬期のヒートショック防止のための室温に着目していることから、測定期間のうち大寒を挟む厳寒期一ヶ月間の分析期間におけるリビング・寝室・脱衣室の室温を時間帯別にデータを収集し、各室ごとに２７戸の平均室温をグラフ化したものが図１である。分析期間における平均室温はリビングが２０℃、寝室が１９℃、脱衣室が１９℃（小数点第一位四捨 五入）となり、経時変化を観察しても分析期間の全期間において調査対象２７戸の平均室温が最低１８℃以上であることを確認した。
※なお一戸それぞれの室温を観察すると１８℃を下回る期間が僅かに認められるが日常生活における窓の開閉などによる影響が想定されるため調査対象２７戸の平均値をもって全住戸の代表値として分析した。
※温度センターを設置した場所はリビング・寝室・脱衣室であり、全室ではないが、一般に脱衣室が最も低室温となるため脱衣室において最低１８℃以上を維持していることから全館において脱衣室以上の室温であったと類推した。

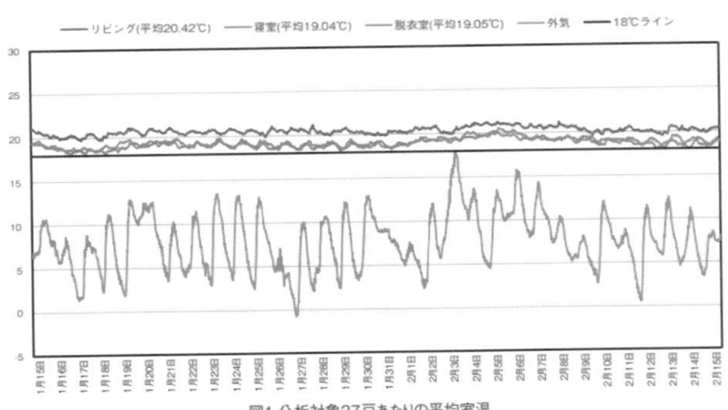

図1.分析対象27戸あたりの平均室温

G2 グレードの住宅においては、冬期月平均約７千円で全館空調を実現

一年間の各月の住宅全体の電力消費量とエアコンの電力消費量を平均すると表１の通りとなった。

表1.分析対象27戸あたりの平均電気料金及び電力消費量

２０１９年	**1月**	**2月**	3月	4月	5月	6月	**7月**	**8月**	**9月**	１０月	１１月	**１２月**	合計
家全体の電気代［円］	**9,632**	**15,591**	12,962	9,075	7,917	8,424	**11,873**	**12,825**	**11,150**	8,626	9,844	**17,522**	145,441
エアコンの電気代［円］	**8,317**	**5,817**	3,549	1,044	309	950	**3,459**	**4,475**	**3,230**	567	1,382	**6,747**	39,846
家全体の電力消費量［kWh］	**924**	**728**	653	452	391	407	**513**	**548**	**487**	415	490	**814**	6,828
エアコンの電力消費量［kWh］	**390**	**289**	177	54	14	42	**139**	**181**	**130**	25	70	**326**	1,842

全館年間総計　電気料金：145,441円　電力消費量：,828kWh ／ エアコンのみ 電気料金：39,846円　電力消費量：1,842kWh（年間電力消費量の27%）

冬期の月平均（12月～2月）　エアコンのみ 電気料金：**6,960円**　電力消費量：335kWh

夏期の月平均（7月～9月）　エアコンのみ 電気料金：3,721円　電力消費量：150kWh

〈参考〉

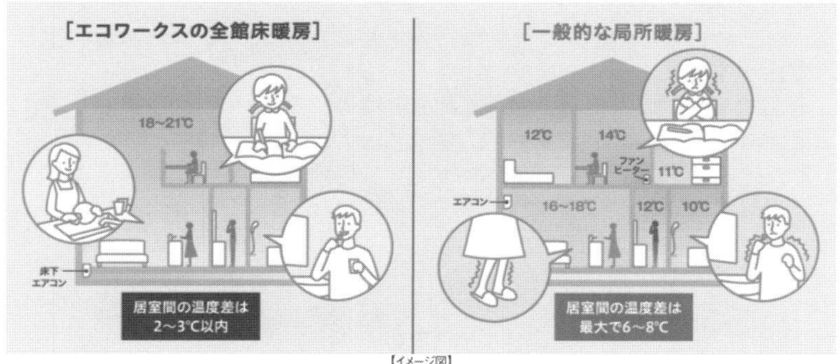

【イメージ図】

住宅性能表示制度における省エネ性能に係る上位等級の創設

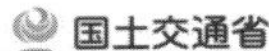

現行基準の課題

・現行の住宅性能表示制度における省エネ性能に係る等級は、現行の省エネ基準相当等が最高等級。

＜断熱等性能等級＞

等級	要求値※1
等級4	U_A値※2≦0.87（省エネ基準）
等級3	U_A値≦1.54
等級2	U_A値≦1.67
等級1	—

＜一次エネルギー消費量等級＞

等級	要求値
等級5	BEI※3≦0.9 （省エネ基準▲10%）
等級4	BEI≦1.0 （省エネ基準）
等級1	—

※1　6地域（東京等）の場合　※2　外皮平均熱貫流率（住戸内外の温度差1度当たりの総熱損失量（換気による熱損失量を除く。）を外皮の面積で除した数値）
※3　基準一次エネルギー消費量に対する設計一次エネルギー消費量の割合（その他一次エネルギー消費量を除く）

・地方公共団体等において、ZEHを上回る断熱性能の基準設定等が行われる中で、現行の住宅性能表示制度では、ZEHやそれを上回る省エネ性能を評価することができない。

（参考）ZEH基準

分類・名称	外皮基準（U_A値）地域区分			一次エネルギー消費量削減率	
	1・2	3	4〜7	省エネのみ	再エネ等含む
ZEH	0.4以下	0.5以下	0.6以下	20%以上	100%以上

改正内容

①ZEH水準の等級については、既に普及している基準が存在することから、当該基準を速やかに位置づけ。
→断熱等対策等級5・一次エネルギー消費量等級6の創設　【R3年12月1日公布、R4年4月1日施行】
②ZEH水準を上回る等級については、基準のあり方等についての検討を踏まえ位置づけ。
→断熱等性能等級6・7（戸建住宅）の創設　【R4年3月25日公布、R4年10月1日施行】

1

出典：「住宅性能表示制度における省エネ性能に係る上位等級の創設」
経済産業省ホームページ（https://www.mlit.go.jp/）

【2022年4月】
省エネ上位等級「断熱等性能等級5」「一次エネルギー消費量等級6」の新設

SDGs（持続可能な開発目標）の実現に向けて、省エネ対策の重要性がますます高まっています。

2022年4月より、住宅性能表示制度の「省エネ上位等級」が創設されました。今回、新設の対象となったのは、「断熱等性能等級」と「一次エネルギー消費量等級」です。断熱等性能等級は、これまで等級4が最高でしたが、新たに等級5が新設されました。

一次エネルギー消費量等級は、これまで等級5が最高でしたが、新たに等級6が新設されました。

断熱等性能等級

外壁、窓等を通しての熱の損失を防止する性能

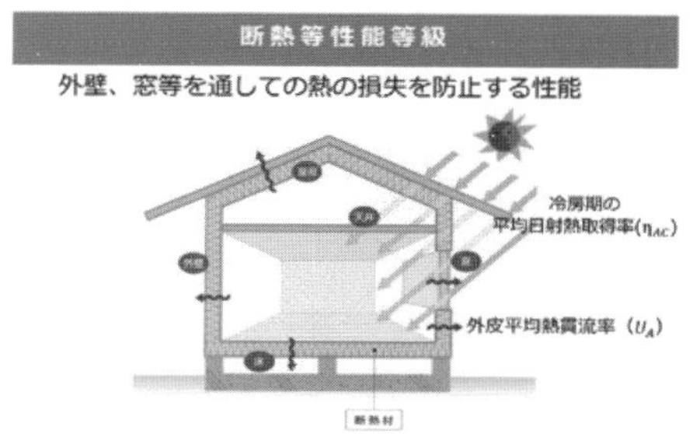

今回創設
(3月公布・10月施行予定)

等級７（戸建住宅のみ）　省エネ基準比 エネルギー消費量▲40%
等級６（戸建住宅のみ）　省エネ基準比 エネルギー消費量▲30%
等級５　ZEH基準
等級４　省エネ基準
等級３
等級２
等級１

一次エネルギー消費量等級

一次エネルギー消費量の削減の程度を示す性能

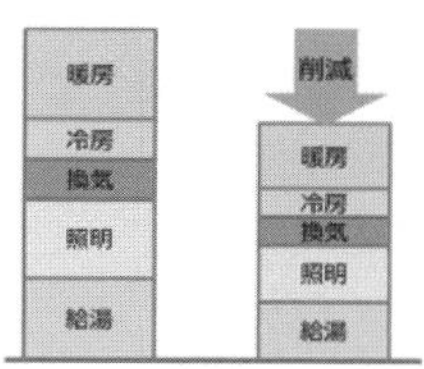

等級６　ZEH基準（省エネ基準▲20%）
等級５　省エネ基準▲10%
等級４　省エネ基準
等級３（既存住宅のみ）
ー
等級１

出典：「住宅性能表示制度における省エネ性能に係る上位等級の創設」
経済産業省ホームページ（https://www.mlit.go.jp/）

断熱性能が高いと、「夏は涼しく、冬は暖かい家」になります。四季のある日本で、快適な住まいにしたいなら、断熱性能を意識することが大切です。断熱等性能等級は、省エネ基準の１つで、断熱性能を含むいくつかの性能について規定されています。具体的には、断熱等性能等級は、外皮平均熱貫流率（UA値）で表されます。

一次エネルギー消費量等級とは、外壁や窓などの断熱等性能だけでなく、クーラーや給湯器、照明などの設備も考慮し、総合的に一次エネルギー消費量を評価する値です。一次エネルギー消費量等級も、省エネ基準の１つです。

四―七　社会の中のＺＥＨ

（妻）我が家も最後のチャンスと思って家をＺＥＨ化することにしたけど、もう五年以上前からあったこんなに当たり前にいいものが、なぜ急速に広がらないのかしら。政府も一応は推奨していて、最近やっと法律で新たに断熱性能基準を作ったりしてるみたいだけど、建築業界も大きい会社はあまり乗り気じゃないのかな。大手の宣伝でＺＥＨの話はあまり聞いたことないわね。

（夫）車も脱炭素社会においては、ガソリン車は電気自動車に置き換えていく必要性は誰もが分かっているが、既存の自動車産業が厳然とあって、経済的に技術的にまだまだ革新が必要なので、何十年というスパンでしか変化できない背景がある。住宅も似たような環境で、大量に提供しようとする建築会社では、同じものを作るのに一円でも安くした方がいい、しかし家の直接コストではない太陽光発電パネルをいれようとすると、最初の家の値段が高くなるのでお客様を説得できないようだ。また、全国にある中小の工務店の中には、断熱性能を高くする技術が未熟でまだまだ習熟が必要のようだし、断熱性能を認定する計算方法が難しくてこれを苦手とする工務店が多いようだ。ＺＥＨの断熱工法というのは小さな工務店にとっては難しくなっているようだ。そうはいっても、ＺＥＨの標準化は地球温暖化対策として二〇五〇年カーボンニュートラルを達成するためには既に待ったなしの厳しいスケジュールになっているようなので、官民挙げてとにかく早く進めることが肝要だ。住宅というのは蓄積されるものなので、早くやればやるほどその蓄積効果が出てくるものだ。

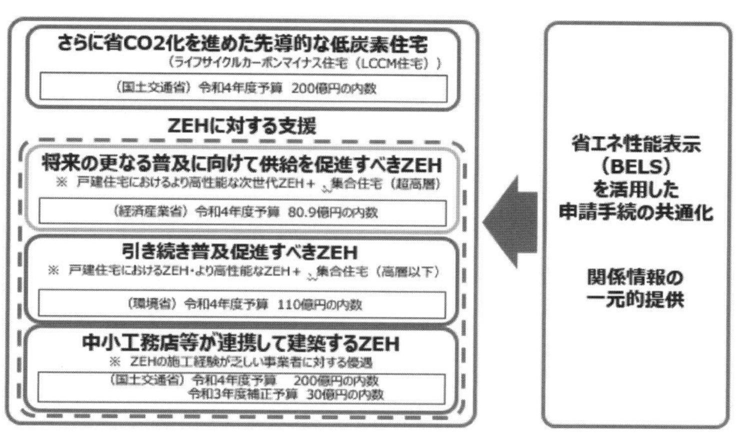

出典：「ＺＥＨ（ゼロ・エネルギー住宅）等の推進に向けた取組」
（国土交通省 https://www.mlit.go.jp/）

令和４年度のＺＥＨ等支援事業については、国土交通省、経済産業省、環境省の３省連携で進んでいる。

我が国では、エネルギー基本計画（令和３年 10 月閣議決定）において、「2030 年度以降新築される住宅について、ＺＥＨ基準の水準の省エネルギー性能の確保を目指す」とともに、「2030 年において新築戸建て住宅の６割に太陽光発電設備が設置されることを目指す」とする政策目標を設定しており、地球温暖化対策計画（令和３年 10 月閣議決定）においても同様に政策目標を設定している。

2050 年カーボンニュートラル実現に向けて、３省は連携して、住宅の省エネ・省 CO2 化に取り組んでいる。

四―八　ZEHは人生のエンドハウス

（妻）我が家も十年以上経って家の見直しをする機会になり、タイミング的には絶好の機会だったのかしら。まず、自分たちが人生の節目を迎えていて、快適で健康的、さらに経済的な住まいを享受できる。次に世の中が進んでいて省エネの設備が沢山あって取り換えるチャンスが来ていた。最後に深刻になった地球環境問題に貢献できる。このような機会はもう来ないのでしょうね。最後の最後にしたいわね。

（夫）家の資産価値が向上し、未来永劫といえば大げさだが長く使える、長く残せる資産になったのは間違いない。この世に生を受けての長い人生において、社会人として社会に寄与しながら、伴侶を見つける、家族を育む、家を持つなど、いくつか大きな節目があるけど、ZEHも我々にとっては人生の大きなイベントだな。ZEHというNet Zero Energy House（ネット・ゼロ・エネルギー・ハウス）は、これからの社会資本になっていくもので、我々にとってもあるいは誰にとっても住まいの家としては究極のものになるのだろう。

住む家としてはこれで終わりかも知れない。しかしこれをもっと生かすことも考えなければならない。何でもそうだが、さらに先をみてできることをやってみると今の価値がもっと高くなる可能性が出てくるというものだ。

（妻）え、まだ何かあるの？　もうこれで終わりじゃないの？

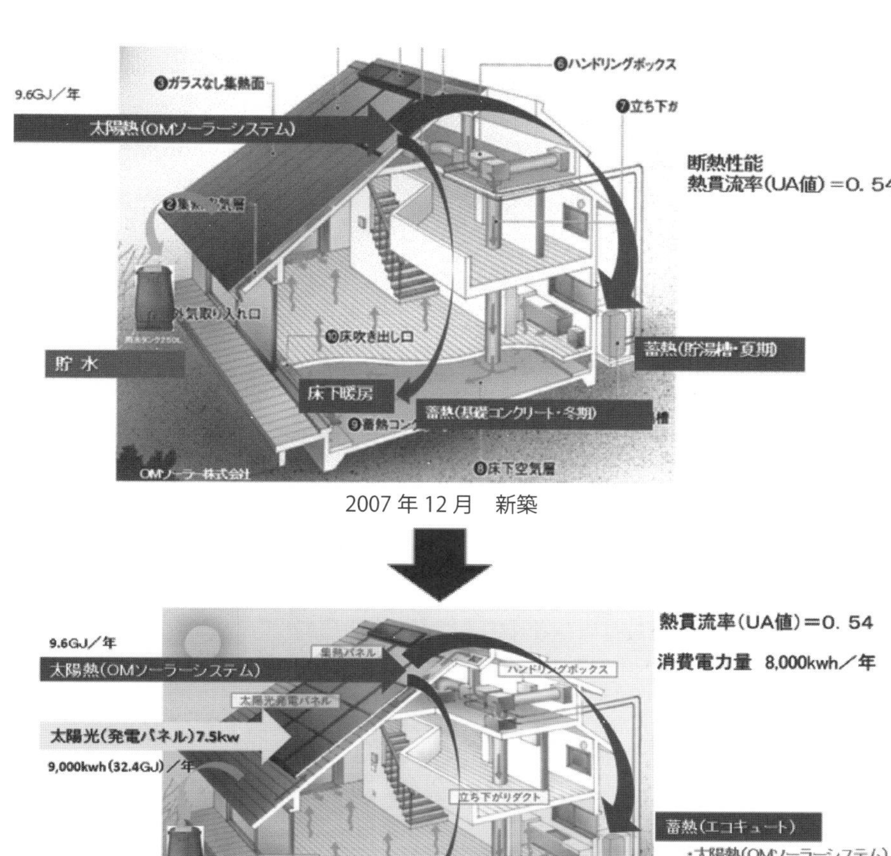

スマホでの管理制御

2021 年 7 月　ZEH 化

カフェで休憩　新たな時代の予感

40年のサラリーマン人生も最後の会社で定年延長になり65歳、しかしそれまで10年携わった熊本市中心市街地での再開発事業が終了せずさらに会社勤務を1年延長して終わったのが2020年3月のことでした。

折しも中国・武漢から広がったという新型コロナが猛威を奮い始める時期と重なり、44年間の会社勤務を終えて自らの立ち位置を以降どうすべきかと考える状況において、当時の社会環境のあまりの変化に戸惑いを感じたことを覚えています。

それまで出勤して会社で働くのが当たり前の社会で、まさか自分の家が勤務先になり、自宅にいる時間が増える、それまでＩＴ社会と言われながらもなかなか進まなかったテレビ会議が仕事の前提になる。家のありがたみをこれほど強く感じるようになったのは、会社に行かなくてもよくなった私だけではないでしょう。

開発から竣工まで10年の歳月を要した再開発ビル（熊本市　ＳＤＫ熊本ビル）

このコロナのＣ、グローバル社会に既に以前から台頭してきていた中国のＣ、そして前年の臨時国会で菅首相が宣言した、「2050年カーボンニュートラル」のＣ。この三つのＣ、３Ｃの時代がやってきたと直観しました。それも一気に。

中国の台頭でグローバル社会の勢力図が変わるのもある程度予期できましたが、まさかその後のロシアのウクライナ侵攻でグローバル経済が地政学的な安全保証面からの観点により支配されていくという、これまでの価値観がひっくり返される時代になろうとは、全く何が起きるか分からない混迷の時代になったものと思います。外交・安全保障面ではこれからは米国一辺倒ではなく、米国とも中国とも対等に渡り合う必要が出てきます。

2050年カーボンニュートラルに向けては、地球環境を守るためにありとあらゆる事業分野での技術革新が求められ、グローバル競争に負けない強靭な産業体質が前提になってくるでしょう。

新型コロナ対策で露見した不備な危機管理体制の刷新も課題です。海外の国の顔色をうかがいながら対応していくのではなく、最前線のエビデンスに基づく、正確で迅速なアクションが求められるのでしょう。

我々の日々の生活においても常にリスクマネジメントが大切ですね。（夫）

カフェで休憩　経年劣化の世界

人間百年、家も百年の時代ですが、人間には加齢というものがあり家にも経年劣化があります。人間の加齢を止めることができないように、家も経年劣化を止めることはできませんが、遅らせることができます。それがメンテナンスはじめ、リフォームやリニューアル、あるいはリノベと呼ばれるアクションです。メンテナンスは定期点検調整、リフォームは不具合故障修理、リニューアルは設備性能改善、リノベーションは抜本的改装でしょうか。

リノベーションは生まれ変わるイメージですので、新築に近くなります。

定期的な点検を実施していく中で、10 年というのが一つの節目になります。長年、紫外線に晒され風雨に耐えてきた家屋は、その分痛みを伴ってきています。木材でできている躯体がその機能を維持するための必須となるものが防水・防蟻対策工事です。外壁、屋根を覆う塗装やコーキングの再設置、ベランダ防水、防蟻コーキング、防蟻薬剤注入などが主な工事になります。

多くの場合、仮設工事を必要とします。建物全体に足場を組んで、養生ネットで覆うことにより安全で効率的な作業となり、物が飛散することもこれで防げます。さらにこの足場を設置することにより、普段できない外部作業が可能となります。雨樋などの点検や外部清掃も同時にできることになります。

水回り工事というのは家の外に限らず、家の中でも発生します。キッチン、トイレ、洗面室、浴室などの水を扱う場所では、水漏れや配管の劣化に注意が必要で、必要であれば設備の取り替えが発生します。長い間に設備自体も進化している事が多いので、それまでとは異なる機能や利便性を享受できるケースが多いですね。

経年劣化対策として家の見なおしを図ることは、家の住まい方を向上させるいい機会にもなり得ます。世の中が変わっていく中で、家も住まい方も変わっていくので、この機会を逃さずにもっといい暮らしをしていきたいものですね。(夫)

メンテナンス工事の現場

五　ＺＥＨを使いこなす

五―一　ＺＥＨで終わりではない

（妻）我が家もＺＥＨ化したのでもうこれで安心。心置きなく快適で、健康的、経済的に過ごせるわけね。

（夫）当たり前だけど、工務店はとってもいい家を作ってくれるけど住んでくれない。住むのは我々だ。家に住むこと自体がまず家を守ることだけど、ただ何もしないと、人間と一緒で劣化が早く進む。劣化、老化を止めることはできないけど、遅らせることができるものだ。人間百年時代というのは、バランスのよい食事、適度な運動、良質な睡眠をとり、さらに前向きな考えを持つことにより体も長持ちしていって初めて百年もつものだ。家もそうで、日々やること、時々やることをちゃんとしていけば、未来永劫、長くお付き合いできるというものだ。

（妻）分かっているわよ、ちゃんと掃除すればいいんじゃないの。

（夫）前も言ったＺＥＨの家は魔法瓶の家なので、昔のように掃除は窓を開けてしたり、気持ちいいからと夏の蒸し暑い日に開けっ放しするのはよくない。我が家ではそんなこととは知らず、大失敗だったね。木造無垢の家では木は生きているので、木が苦手とする結露や、そこにホコリがしてカビが生えることを避けるためにも、常に湿気を意識する、ホコリを減らす、汚れも減らすことが大事だ。設備に関しても、定期的な点検や掃除、必要であれば補修が必要やね。

にっくきカビやダニは湿気が大好き！

室内の湿気を増やすことに特段の害がないのであれば、好きなように加湿してかまいません。しかし、残念ながら**図5**にあげるように、むやみな加湿には多くのデメリットがあるのです。

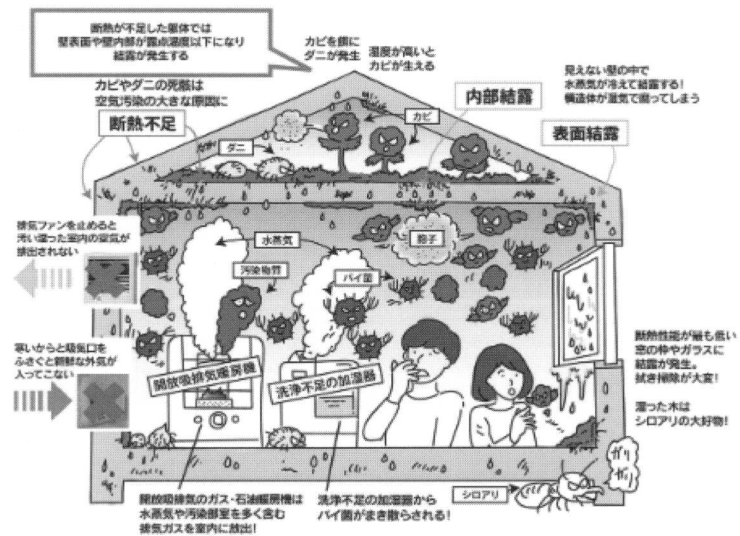

図5　加湿＋無換気は建物と室内空気をダメにする

「なんとなく乾燥してきた気がするから加湿器をつけよう」という「なんとなく加湿」には要注意。日本の家は断熱や防湿が不十分で、また空気質維持に不可欠な換気をきちんと行っていない場合が少なくありません。そうした中でむやみに加湿を行うことは、窓や壁体内に結露を生じさせるばかりでなく、建物の腐朽やダニやカビの発生、室内空気の汚染にもつながってしまうのです。本来、人間は湿度に「鈍感」な生き物です。加湿をしないですむのなら、しない方が良いのです。

「前真之のいごこちの科学　vol.016 ／冬の乾燥感　2019.7.14 」より

日々、湿度を意識する
必要性を感じるわね。

（妻）以前は、温湿度計付きの時計が一個か二個あったぐらいだったけど、今やほとんどの部屋に温湿度計が置いてあるわね。でも、時計のように常にみるものではないよね。

（夫）ものの本によると、人間は湿度に関しては鈍感らしい。暑いや寒いは温度計を見なくても何となく分かるけど、雨の日なんかは外の湿度が九〇％越すのはざらだ。冬になると喉がいがらっぽく感じることがあるけど、湿度計を見れば湿度が二〇％とか三〇％とかになっているので分かる。我が家のような木造無垢の家は珪藻土壁も相まって、家内部では調湿機能も備わっているので、基本、ある程度は大丈夫だ。高気密、高断熱の家のありがたみやね。冷暖房を賢くうまく使うためにも、まずは外の「暑い、寒い」を室内に持ち込まないことが大事だね。

　さらに、家の中の空気をかきまぜることが大事で、吹き抜け天井のシーリングファンの活用もあるけど、サーキュレータという空気を移動してくれる機器を使うと効果的やね。家の中で空気が淀みがちな場所や奥まった部屋に乾燥した空気を送り込むのに便利なものだ。扇風機はその場所の攪拌には使えるけど、空気を送り込むというのには使いづらいものだ。

（妻）浴室っていつも湿度が高いと思うけど、乾燥機を使わずに乾燥させる方法をとってたよね。これって何かの本に書いてあったの。

（夫）洗面室は乾燥しているので、この部屋の空気を使って浴室を乾燥させる方法は、同じ工務店で家を建てた人に教えてもらった。工務店主管のＳＮＳで、ホームオーナー同士が日々の生活での疑問点や困りごとを相談できる場があり、これは重宝している。

　要は、浴室の窓を閉め換気扇をオンにして、浴室と洗面室間の扉を少し開ける、ただそれだけ

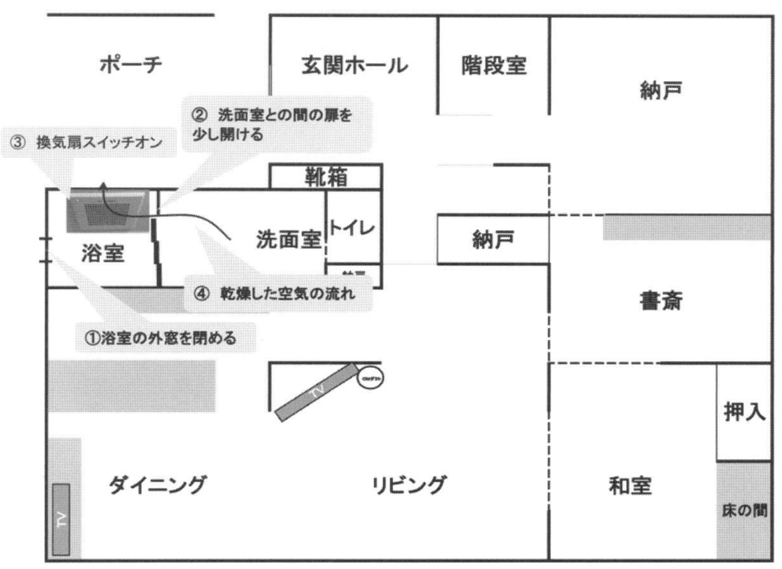

湿度の高い浴室を他の部屋からの空気で簡単に乾燥させます。
換気にもなっています。

浴室設置の温湿度計（全ての部屋に設置）

浴室乾燥時に少し開ける扉

だけど、効果テキメンやね。外も湿度が低ければ浴室の窓を開けるのだろうが、そうでないとき乾燥機要らずで、さらに換気にもなっているね。

（妻）寝室も冬の冷気から解放されて、布団も軽めでいいというのは、最初からそのような家であればかさばる布団の収納も少なくて済むということになるわ。

（夫）リビングの南向きのシャッターも本来の防風雨、防犯・防火、防音に加え、断熱にも使えるものやね。エアコン効率だけを考えると夏場でも閉めた方がよさそうだけど、部屋が暗くなるな。しかし家を不在にする短時間であれば、それもありかなと思う。

自然な発湿と中温で「乾燥感」を減らそう

今回見てきたように、むやみな加湿は建物を傷め、室内空気を汚染させるなどの大きなリスクが伴います。また人間は湿度に鈍感な生き物であり、よくいわれる湿度50%を目指す理由も実はないことも分かりました。

結局のところ、湿度を特に操作する必要はあまりなさそうです。わざわざ加湿しなくても、**図8**に示すように室内には多くの発湿源があります。きちんと換気して室内の空気を清浄に保ちつつ、自然に発生している湿気で住む人に「乾燥している」と感じさせなければ、それでよいのです。

図8　家の中の発湿源と換気・暖房を利用して、乾燥が気にならない室内環境をつくろう
室内には多くの発湿源があり、わざわざ加湿をしなくても湿度をある程度は上昇させることが可能です。換気装置を適切に運転して適度に湿度を排出させるとともに、室内から高温の空気をなくすことが、乾燥感を抑えながら室内の空気をキレイに保ち、さらに建物の寿命を延ばすコツなのです。

「前真之のいごこちの科学　vol.016／冬の乾燥感　2019.7.14」より

五―二　創った電気はまず自家消費

（妻）自分の家で発電した電気はまず自分の家で使った方がいいというのはどういう理由かしら。売った方が儲かるとかよく聞くけど、生活のためにつけた設備で内職みたいになるのは変な話よね。

（夫）太陽光発電を事業で取り組んでいる企業は、利益を出さないといけないのでそれなりに収支を求められるが、そうでない家庭の場合、電気代を節約するための手段として太陽光発電を導入すべきだと思う。家では必ず電気を使うので、電気に係る費用は必ず必要で、それが太陽光発電設備を導入することにより経済的になり、その余ったお金を他の家計に使えるということだ。

一般的な家庭で、五ｋＷの太陽光発電設備を屋根に載せようとすると、国の試算でざっと百五十万円（ｋＷ当たり三十万円×五ｋＷ）必要だが、この設備は三十年使えるとして、この設備が発電する電気量というものが大体決まっていて、年間で六千ｋＷｈを発電するらしい。三十年で十八万ｋＷｈとなり、この場合、ｋＷｈ当たりの発電単価は八円三十銭（百五十万円÷十八万ｋＷｈ）となる。この八円という単価は、ＦＩＴという再生可能エネルギー固定価格買取制度が終わる十年後の電力会社の買取価格の七円～九円に合致する。ＦＩＴは本来原価八円の太陽光発電電気に十年間だけは価格を上乗せして高く買い取るという国の政策だ。本来三十年で回収するものを繰り上げして十数年で回収させ、太陽光発電の普及促進を図ろうというものだが、その上乗せする費用は国の税金を充てるのでなく、電気利用者の電気代に上乗せして再生可能エ

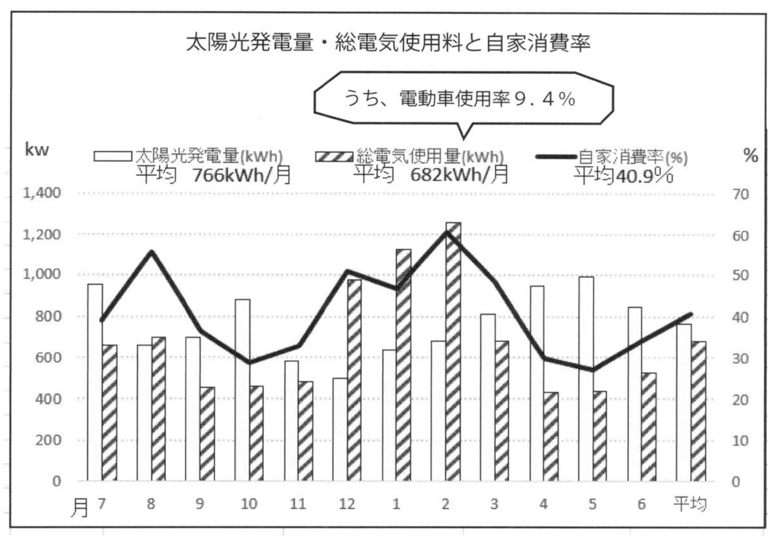

・太陽光発電パネル：パナソニック製　７．５ｋＷｈ
・データ補正　　　：２０２１．７．９のＺＥＨ化（太陽光発電開始）により
　　　　　　　　　　２０２２．７．１～７．８までのデータを２０２１．０７に編入
（参考）令和３年の電動車走行距離　６，６３６㎞　うち電気走行３，２９５㎞（約５０％）

年	月	太陽光発電量(kWh)	総電気使用量(kWh)	自家消費率(%)	充電走行(kWh)
2021	7	949.9	660	39.2	54
	8	661.4	697.9	55.7	63
	9	702.8	452.3	36.5	22
	10	879.3	460.3	28.8	38
	11	582.2	483.6	33.0	44
	12	501.4	977.3	50.7	119
2022	1	636.3	1123.7	46.6	138
	2	681.2	1258.5	60.7	142
	3	811.2	686.4	48.3	36
	4	946.9	431.5	29.9	48
	5	993.5	435.2	27.1	65
	6	848.4	524.9	34.3	102
	平均	766.2	682.6	40.9	71
	合計	9194.5	8191.6	－	777.9

ネルギー発電促進賦課金（再エネ賦課金）という名目で回収している。これが一般家庭で電気代の一割程度を占めているので大きい額になっている。消費税も一割なので、合わせて電気代定価に二割が税金のように上乗せされ家庭の支出になっている。

そこで、太陽光発電の発電原価八円（ｋＷｈ当たり）に対し、電気を買おうとすると幾らくらいになるかと考えると、三十円（同）ぐらいにはなる。深夜電力は安くても、基本料や消費税なども入れて平均すると世帯平均月三百ｋＷｈ、一万円程度でこういう数字だ。

太陽光で発電したら八円で電気が買えるのに、その分を電力会社から買ったら三十円。現在（二〇二一年スタート）のＦＩＴは十九円なので、売っても十一円（十九円—八円）の利益、その分を買うとするとマイナス十一円（十九円—三十円）になって、なるべく電気は売るより使った方がお得という計算になる。昼間は不在だからどうしようもない、ということではなくて、家電にはタイマー機能を持つものがあるので、夜にやることをできるだけ昼間に実施するという工夫もあるということだ。夜には電気が売れるので昼間にはなるべく電気を使わない、というのは本末転倒だ。

二〇〇九年（平成二十一年）に買取価格四十八円でスタートしたＦＩＴだが、当初は比較的高い料金設定が、二〇一六年（平成二十八年）以降は、電力会社の買取価格が電力の販売価格を下回るようになり、より環境にも優しい自家消費型の太陽光発電になっていった。これからの時代は、電気料金が高くなるにつれてこの自家消費率を高める蓄電池などを組み合わせるようなエネルギー利用が進んでいくということだ。

太陽光発電設備の一次エネルギー消費量削減効果について

● 太陽光発電設備による発電量のうち、自家消費相当分（一次エネルギー消費削減量）が占める割合は設置容量が大きくなるほど、小さくなる。

【太陽光発電設備による発電量に占める自家消費相当分、売電相当分の割合】

＜試算条件＞
地域：6地域（旧Ⅳb地域）
設置方位：南
傾斜角：30度
建て方：戸建住宅
延床面積120㎡
空調方式：全館連続運転
（ヒートポンプ式セントラル空調システム）
給湯、換気、照明：標準設備

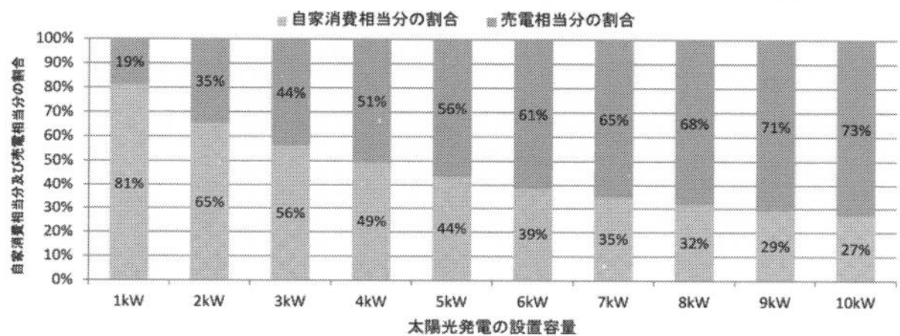

【太陽光発電設備による発電量のうち自家消費相当分】

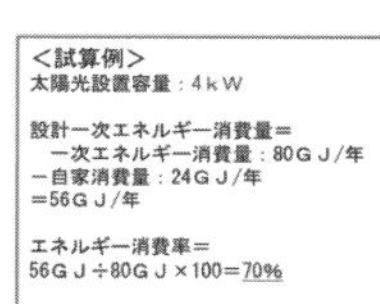

＜試算例＞
太陽光設置容量：4ｋW

設計一次エネルギー消費量＝
　一次エネルギー消費量：80GＪ/年
－自家消費量：24GＪ/年
＝56GＪ/年

エネルギー消費率＝
56GＪ÷80GＪ×100＝70%

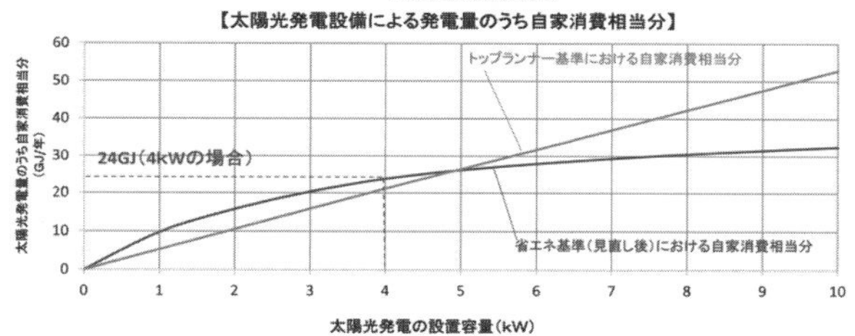

出典：国土交通省ホームページ（https://www.mlit.go.jp/）

自家消費型太陽光発電のメリット

- 電気料金を削減できる
- 余った電気を売電できる（余剰売電型の場合）
- 災害時や停電時でも電気が使える
- 環境保全に対する貢献、CO2 削減効果をアピールできる

自家消費型太陽光発電のデメリット

- 設置費用が高い
- 売電価格が年々下がっている（余剰売電型の場合）
- 太陽光パネルだけでは電気を備蓄できない
- 発電量は日射量に左右される

再生可能エネルギーの自家消費率向上は地産地消最大化の課題ね。

（妻）ＮＨＫが取材に来たことがあるけど、テーマは「ソーラーロス」だったわね。九州では太陽光で発電された多くの電気が捨てられているという話だったけど、これもこの自家消費とも関連するのかしら。

（夫）再生可能エネルギーの有効利用という面からは同じ視点に立ったもので、これについては再度詳しく説明することにしよう。

カフェで休憩

日々のガーデニング。楽しみであり癒やしです。

寄せ植え

切り花の百合

春の訪れ

六月の紫陽花

玄関脇の花

庭を彩る花達

窓辺で楽しむ

五―三　深夜電力は安くない、エコキュートの矛盾

（妻）今回、オール電化ということでガス給湯から電気給湯にしたけど、エコキュートというのは勝手に深夜に沸かして、使うのは次の日の夜というのは、その間でタンクのお湯が冷めるし、昼間の自然エネルギーが使いにくいのは不便よね。食洗機や炊飯器のようにタイマーで沸かすとかできないものかしら。

（夫）なぜ深夜電力が安いかというと、もともと深夜は電気消費量が少ないので、本来なら需要に合わせ発電しない方がいい。ところが安全性の問題から運転停止しにくい原子力発電ばかりを増やしたために、深夜の電気が余ってしまったのだ。

そこで深夜の電気を安くして使わせようとしたが、電気使用量が増えた一因に深夜電力だけ安くする仕組みがあったのもある。お得な深夜電力を利用したエコキュートを使ったオール電化を進めたために、利便性は変わらないのにエネルギー消費量の増大を招いた結果となってしまった。しかし、東日本大震災以降、原子力発電が稼働できず、このバランスが崩れて一部の大手電力会社は深夜の割引制度を止めてしまったようだ。再生可能エネルギーの拡大もあり、今後の傾向としても、深夜電力というのは無くなっていくのだろう。

そういう作りなので、我が家でのエコキュートには深夜電力のパターンに応じての時間設定はあるが、二十四時間タイマー機能は無いので、最後の手段として自動沸き上げではなくて、不在機能をフル活用しての手動での沸き上げにせざるを得なかった。

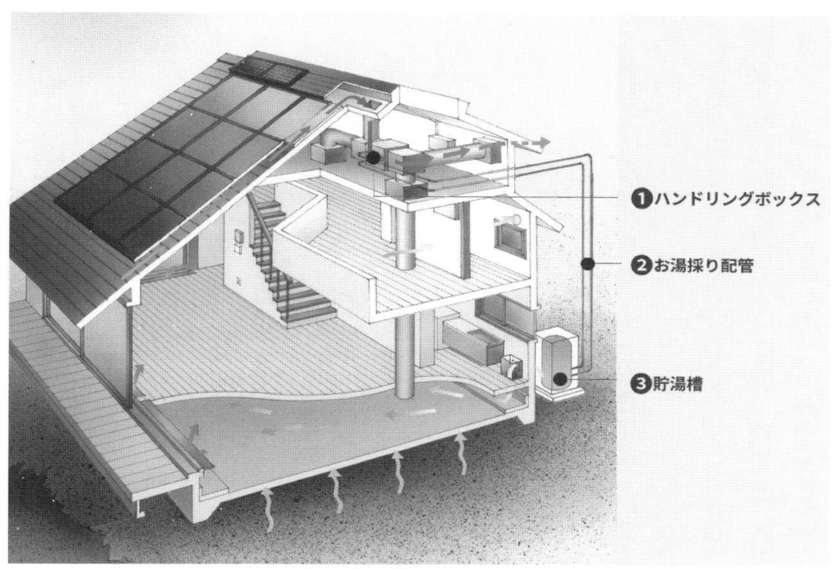

ＯＭソーラーシステムでは春から秋にかけて太陽の熱をお湯採りに使用します。おおよそ１日に30～50℃のお湯を、約300リットル程度作ります。

ハンドリングボックス内にあるお湯採りコイルで、集熱空気により不凍液を温め、お湯採り配管でこの不凍液を循環させて貯湯槽の水を温めるしくみです。あまり集熱できないなどで貯湯槽の湯温が低いときには、給湯ボイラーで沸かしますが、水から沸かすのと比較して燃焼エネルギーを抑えます。例えばお風呂用に40℃のお湯を沸かす時、水温15℃の時期で、貯湯槽のお湯が35℃だったら、5,000KCal以上のエネルギー差がでます。

ＯＭソーラー株式会社ホームページ

話は少しそれるが、我が家は元々OMソーラーシステムという太陽熱床暖房のシステムがあったが、床暖房は冬期に使う機能であり、冬季以外はお湯を沸かすお湯採りに回っていた。ガス給湯を廃止してエコキュートにするときに、このOMソーラーシステムのお湯採り機能を生かすために導入したのが、「太陽熱集熱器対応型エコキュート」だった。これを作っているメーカーは限られていて、一般的なエコキュートではなかったが、このエコキュートは非常に多機能で一般的な空気熱を利用したヒートポンプからのエネルギーに加えて、太陽熱を利用したOMソーラーシステムからのエネルギーを取り込み、さらに使い終わった後の風呂の熱を取り込む「風呂熱回収」という三つの機能を持っている。

但し、冬季にはOMソーラーシステムは床暖に回るので、ヒートポンプによるエコキュートの湯沸かしがメインになり、風呂熱回収機能はそれに対しての若干の助けにはなっているようだ。さらに賢いのは、このシステムでは、次の日の天気を予測して晴れと判断すれば夜中の湯沸かしを抑えるなどのコントロール機能もあるが、自然エネルギーをもっと使いたい我が家にすれば、この機能も宝の持ち腐れやね。

（妻）タイマー機能の代わりに私が毎日夕方に湯増しボタンを押していたけど、何度もやっているうちに段々とモニターに出てくる棒の数が何本であれば風呂のお湯が確保できるか分かってきたわね。最高五本あるけど、三本で十分のようね。しかし昼間に太陽光で発電していればその発電された電気でお湯を沸かせるけど、もし雨や曇りで悪天候だったら、昼間の電気代を払うことになって、その時は高いものにつくのではないの。

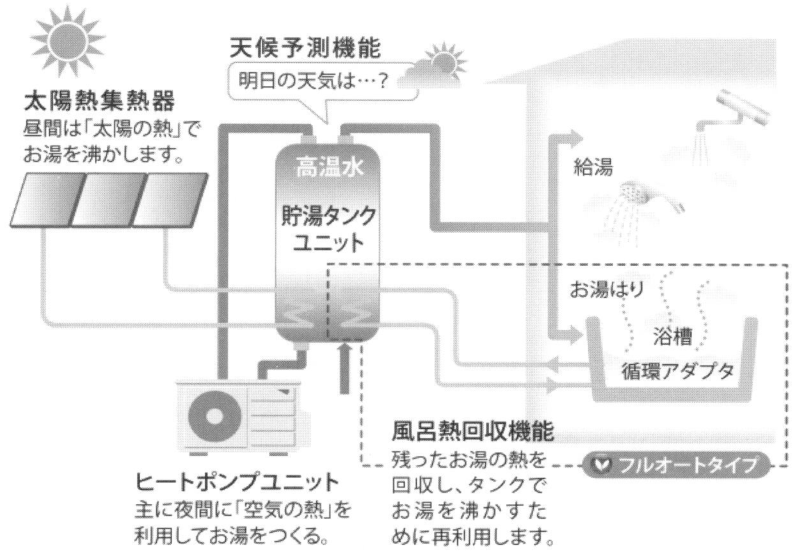

貯湯タンクユニット内は、上部にヒートポンプの熱交換器、下部に太陽熱と風呂熱回収の熱交換器が組み込まれている。タンク内のお湯は上下で高温と低温の層に分かれる。

通常、湯の取り出し口は高温の上部に設けられているが、「エコキュート・ソーラーヒート」は上部の高温の湯は風呂の追炊き用に確保し、太陽熱と風呂熱でつくられた湯を優先的に使えるよう、中間にも湯の取り出し口があるのが特徴。

出典：矢崎総業ホームページ

（夫）ごめん、電力会社との電気の契約について話していなかったね。昨年夏にZEH化したけど、エコキュートはその半年前にオール電化ということで先に導入していて、その時は同じ大手電力会社で一般的な従量料金制から安い深夜電力制度のある料金体系に変更していたのだ。その後暫くは、エコキュートの使い方を見るために深夜に湯増しするルールに従ってエコキュートを使っていたけど、太陽光発電設備を入れてZEH化したときに、大手の電力会社との契約から新電力への電気利用契約に変更したのだ。きっかけは、後でまた詳しく説明する実証実験に参画したことだった。

最近、ダイナミックプライシングという、従来の電気料金体系とは発想が全く異なる新たな電気料金の仕組みが作られた。これには深夜料金というのが無く、できるだけ太陽光発電による供給電気が多くて安い昼間に電気を利用しようというものだった。

（妻）そういうことだったのね。電気料金のしくみも複雑でよく分からないけど、せっかく自然のエネルギーが沢山あるのにそれが使えない、使わないというのはどうなっているのかしらね。

（夫）まだ日本はグローバルな変化についていけない、という傾向があるのだろう。しかし、日本という国は、その気になったら物凄いエネルギーで変わっていくので、もう少ししたらそういう時期が来るのだろう。乞うご期待やね。

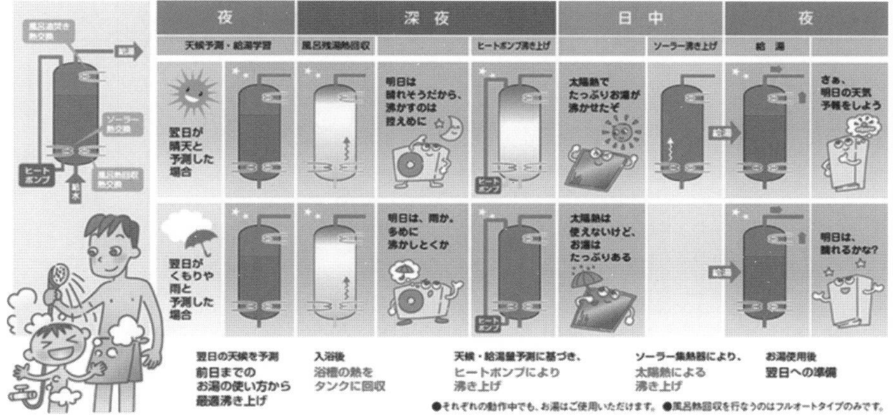

「天候予測機能」と「給湯使用量学習機能」によって
ムダなエネルギー利用を抑制

本システムは、自動天候予測機能でソーラーシステムの集熱器から集熱できる熱量を予測するとともに、1日の給湯使用量を学習する機能でご家庭に応じた最適な給湯量を計算しますので、エネルギーのムダを省き、エコキュートの給湯効率を向上させることが可能です。

出典：矢崎総業ホームページ

天候予測機能や使用量学習機能があるのに全く使えないとはね。
社会環境の変化を見極め損なったという事かしら。今後改善されることを期待するしかないわね。

五―四　ＺＥＨをもっと生かす

（妻）そういえば先日、南面窓ガラスの網戸は要らないのではと言われたので取り外してみたけど、目から鱗だったわね。確かに網戸は風を取り入れるために使うけど、風を取り入れるのに別に大きな南側でなくてもいいし、取り外したときの部屋から見た庭の光景がガラッと変わったのには驚きだったわね。新築してから当たり前のように使い続けていた網戸だけど、なぜもっと早くからこういうことができなかったのかなと思ってしまうわね。

（夫）これまで暑ければ窓を開けて風を取り入れるというのが染みついているので、そういう発想にならなかった、というところだろう。ＺＥＨの家は基本的に窓を開けないので、従来の家では当たり前がそうでなくなってくる、ということだ。

掃除の仕方も昔のやり方では窓を開けて箒を使ったり、普通の掃除機をかけたりしていたが、やはりロボット掃除機の出番だろう。自然無垢の家では木の床は呼吸しているのでなるべく物を置かない方がいい。絨毯やシートは湿気やホコリ・ゴミの温床になりかねない。そのためには、ロボット掃除機が掃除しやすいように床を空ける、ゴミ箱でも上に上げる、部屋全体を立体的にして、床が広く見えるようにする。ロボットが自由に動けるようにしてあげると、部屋全体がスッキリして気持ちよくなるものだ。収納をうまく利用して、常に後片付けを心がけると、部屋も広く感じるし、ガラクタなど物も増えないだろう。ものの本によると、お金持ちの部屋には無駄な物が無いらしい。逆が真かどうかはやってみないと分からないが。

右側にあった網戸を無くした状態、庭が広く見えるような感じがします

床を広く見せることが大事、ロボットによる掃除も楽です

ロボット掃除機を 100％活用するためには、

1．停止せずに動き続けるようにする。
2．床や家具を傷つけないようにする。
3．広範囲に移動させる。

そのためには、

- 掃除終了後に毎回ダストボックスの手入れ。
- テーブルの上に椅子を乗せて動線を確保。
- 床には極力物を置かない。
- ロボット掃除機が乗り上げそうなものは床には置かない。
- カーテンやブラインドは床から上げる。

ロボット掃除機活用法

カフェで休憩　古民家再生

ここは新潟県十日町市の古民家再生村。ドイツから移り住んできたという建築家のカール・ベンクスさんは、古民家に価値を見いだしてその再生に取り組み、限界集落だった竹所で空き家を次々と美しく蘇らせました。

ベンクスさんの古民家再生は現代の生活に合わせるのが特徴。柱やはりなど使える骨組みは再利用しつつ、色や形を大胆に変える。屋根にはドイツ産スレートを用い、外壁に柱とはりに見立てた木材を貼る。寒冷地でも快適に過ごせるように床暖房を入れ、断熱材の厚さは通常の倍の 10 センチ。断熱効果の高いドイツ製ペアガラスを使う。「日本の古民家は住みにくくなったから捨てられた。時代に合わせないと。」と語ります。（夫）

六　暮らしの中のＳＤＧｓ

六―一　ＺＥＨの先を目指す

（妻）今回の家のＺＥＨ化で住まい方が大きく変わったけど、他に何か企んでいることがあるみたいね。テスラとか、蓄電池のことかしら。

（夫）家をＺＥＨ化すれば、経済的に快適で健康的な環境になるのは分かっていたが、そこには再生可能エネルギーが絶え間なく手に入り、絶え間なく使えるという前提があると考えた。日本は世界でも珍しく自然災害大国で、地震、津波、台風、火山噴火などいつ何が起きるか分からないのが現状だ。さらに感染症や外国での紛争など、経済活動がグローバルに広がっているので、これらに対するリスク対応が広く求められている。明日にでも起き得るこれらに対し完璧な対応はあり得ないが、できる範囲で備えておくのが常道だと思う。

ＺＥＨ化はできたので、これを未来永劫、持続できる手段があれば、世界で取り組んでいるＳＤＧｓ（Sustainable Development Goals 持続可能な開発目標）に沿う活動になると思った。

防災という観点から考えると、とりあえずできることは蓄電池を導入して停電になっても普段の生活が維持できるようにすることだ。あるかないか分からない災害に対応することなので、経済的にどうかと言われても計算できない。しかし将来的には間違いなく主流になるものなので、導入することによる、即効的な結果を確かめたいと思った。

テスラ製蓄電池　Ｐｏｗｅｒｗａｌｌ

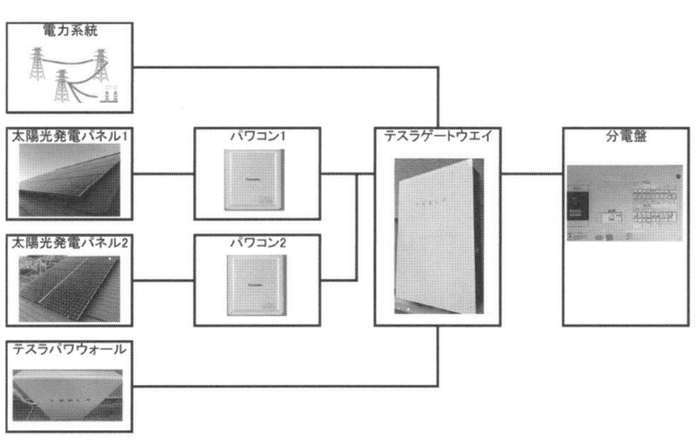

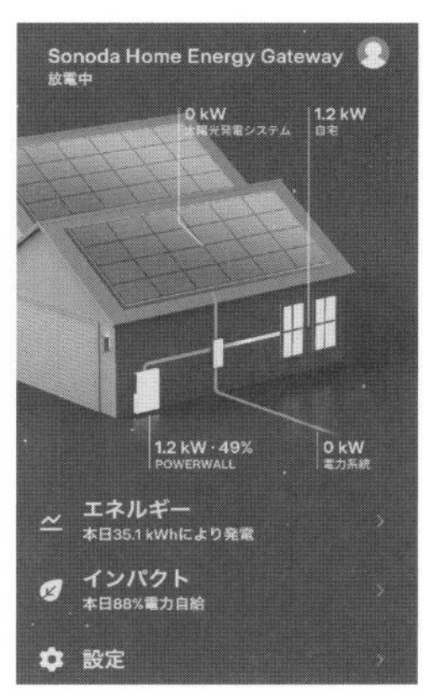

電気供給のシステム構成図

スマホでのモニタ

日本では余り普及していない、テスラという米国の電気自動車会社が作る蓄電池を買って、家の電源ネットワークに組み込んでみた。ＺＥＨ化のどさくさに紛れて入れたと思われても仕方がないが、入れてみると、その効用、使いやすさに驚いたものだ。

（妻）家の外にある、家電のようなカッコイイやつね。外に置いておくのはもったいない感じね。これが魔法のような力を発揮するわけ？

（夫）そう。まず普段は太陽光発電からの電気は自家消費と呼ばれる家の家電などに使われるが、それが余ると自動的にこの蓄電池に蓄電される。太陽光発電では天気のいい日は三十ｋＷｈぐらい発電するので、蓄電池の容量十三・五ｋＷｈも直ぐに一杯になり、それで余った電気は電力会社に売電することになる。これらを自動的にやってくれ、日が暮れて太陽光発電が無くなると、これまた自動的に蓄電池が電気を家に放電してくれる。蓄電池の電気が無くなると自動的に電力会社から電気を購入する仕組みだ。全て自動的なので人間は何にも触らずに済むが、その状況がスマホで確認できるのがミソだな。

（妻）パソコンゲームのように、どれだけ発電してどれだけ使い、貯める、売るが日々分かるわけね。私一人で家に居て、普段より多く電気を使うと注意されるのかしら。電気使用量がただ分かるだけなら、購入費用はもったいないわね。

（夫）電気使用量を監視するためではなくて、大きくは効用として二つあり、一つは太陽光発電の電気を直ぐに使う自家消費率を高めることができることだ。太陽光発電による電気の価値は、電気を買うよりも、売るよりも高い。ざっと一ｋＷｈあたり十円で作れるので、この電気を使った方

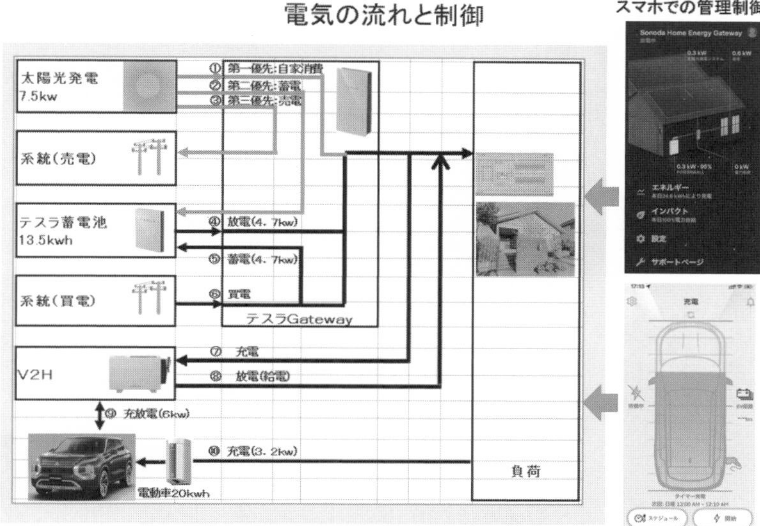

テスラ製蓄電池とＶ２Ｈが入った場合の電気の流れ

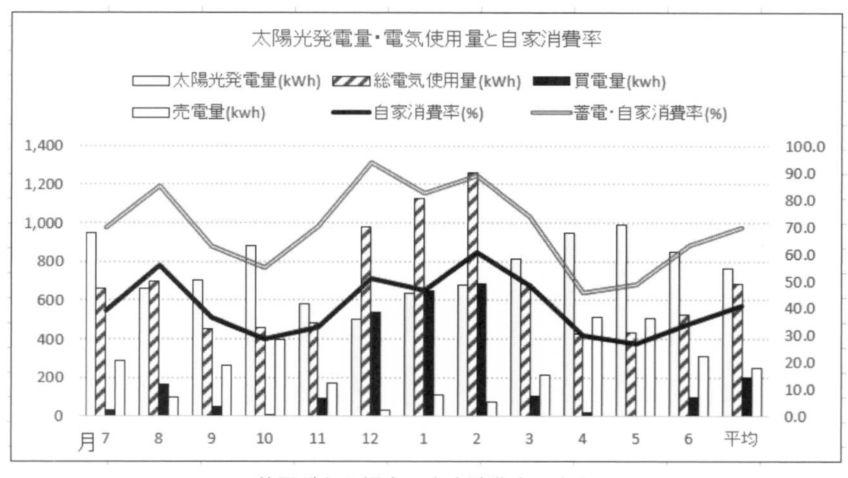

蓄電がある場合の自家消費率の向上

太陽光発電の自家消費率が 40%から
70%に向上するなんてすごい！

が一ｋＷｈ当たり三十円もする電気を買うより安く済む。売ってもＦＩＴ期間で十九円、終わると十円なので、なるべく再生可能エネルギーは家で使う量を増やしたほうがいい。実際、太陽光発電の自家消費率は蓄電池が無いと約四〇％に対し、ありで七〇％に高まるというデータがとれた。年間六千ｋＷｈ発電の標準的な家では、その約三〇％の二千ｋＷｈが自家消費として増えるので、買電と発電の価格差、二十円×二千ｋＷｈで年間四万円の経済性があるが、例え三十年使えるとしても百二十万円なので、今の蓄電池の価格では太刀打ちできない。経済性は悪いが、防災重視面からの導入になる。

もう一つの効用は、電気料金契約によるが、電気が安い時間に蓄電池に蓄電して高い時間に放電することだ。太陽光発電が期待できないときに深夜電力の安い電気を買っておいて昼間の電気代が高い時に放電すればその差額が経済性を生む。大きな経済性はないが使い方の一つだ。

我が家での蓄電池導入は、コロナウイルスに対するワクチンの臨床試験のようなもので、導入によるメリットやデメリットを実際に確認して将来に向けて社会に訴求するための社会実験のようなものだ。

2021～2022	発電	消費電	売電	買電	蓄電	電動車
7月	949.9	660.0	287.6	33.1	311.5	64.7
8月	661.4	697.9	99.7	168.9	269.1	63
9月	702.8	452.3	262.6	52.0	235.2	21.5
10月	879.3	460.3	398.2	10.1	261.5	37.5
11月	582.2	483.6	174.4	94.2	241.1	43.8
12月	501.4	977.3	30.9	543.7	235	119.2
1月	636.3	1123.7	118.8	654.6	218.1	137.5
2月	681.2	1258.5	74.4	690.3	224.3	141.8
3月	811.2	686.4	212.5	109.5	230	36.0
4月	946.9	431.5	516.0	24.2	201.5	48.0
5月	993.5	435.2	510.4	1.0	207.9	64.9
6月	848.4	524.9	314.0	15.7	253.5	102.0
平均	766.2	682.6	250.0	199.8	240.7	73.3
計	9195	8192	3000	2397	2889	880

一年間の発電量等のデータ（補正後、単位：ｋＷｈ）

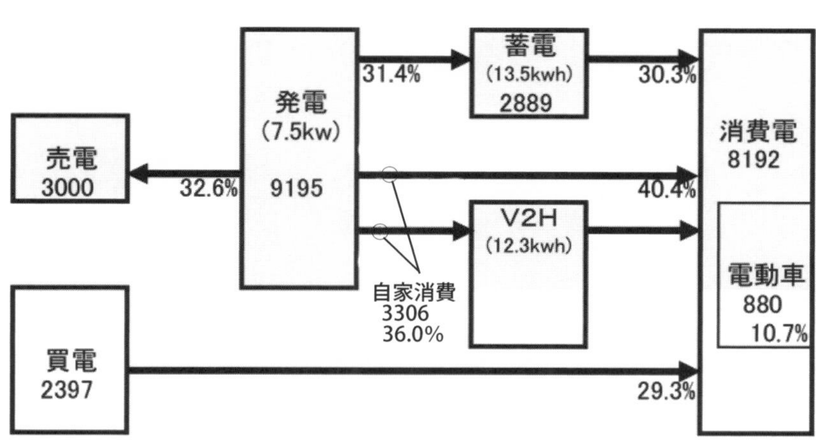

蓄電池を入れた場合の電気の流れ

六—二　社会問題への対処の試み

（妻）ＮＨＫの取材が二回あってテレビにも取り上げられたけど、どういう経緯だったのかしら。社会的にいいことをしたと考えていいのよね。

（夫）太陽光発電がかなり普及した昨今、社会問題になっているのが昼間に電気が余って再生可能エネルギーによる電気が使われない、「ソーラーロス」と呼ばれる現象がおきていることだ。太陽光発電は昼間の好天気のときに大量の電気を生み出すが、大手電力会社は天気予測などで翌日の必要電力量を算定し、再生可能エネルギーによる発電量と発電所からの発電量の総和がこれをオーバーしそうなときに、太陽光発電事業者に対し、出力制御という発電量を抑えるように依頼できることになっている。

補助金まで使って再生可能エネルギーの拡大促進を図っているのに、そのエネルギーが捨てられるという問題への対処策として、需要者側で昼間にもっと多くの電気を使ってもらうような仕組みができないかと、経済産業省が主導して進めたのが、電動車への充電シフト実証事業だった。昼間で太陽光発電による電気が余る場合にこれを安く提供して、事前にその安い時間をお知らせして、電動車のオーナーにその時間を活用して電動車に充電してもらい、その効果をみようというものだった。電動車の充電には多くの電気が必要なので、充電が集中する時間帯を分散させるという狙いもある。

我が家は電動車を既に持っていて充電設備もあったので、今回の実証事業に参画している我が

令和３年度 蓄電池等の分散型エネルギーリソースを活用した
次世代技術構築実証事業費補助金

ダイナミックプライシングによる電動車の充電シフト実証事業

再生可能エネルギーを最大限に活用するため、卸電力市場価格等に連動した時間別料金（DPメニュー）を「小売電気事業者」が設定し、「EV、PHV／PHEVユーザー」の充電時間シフトを誘導します。
その実施内容のデータ等を取得し、効果を検証する実証事業です。

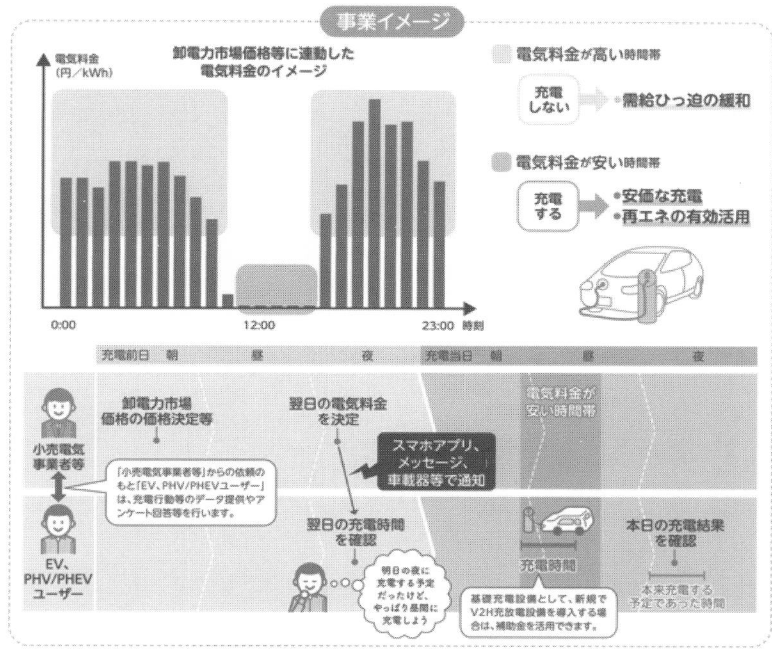

ダイナミックプライシングによる電動車の充電シフト実証事業のスキームは、「小売電気事業者等」が行うDP提供事業と、「EV、PHV/PHEVユーザー」が実証参加者として行う充放電設備導入事業の2つに分かれています。

DP提供事業
「小売電気事業者」がDPメニューを「EV、PHV/PHEVユーザー」に提供し、定められた期間中、EV、PHV/PHEVの充電行動等のデータを取得・分析する事業です。

充放電設備導入事業
DP提供事業に「EV、PHV/PHEVユーザー」が参加するため、基礎充電設備として活用するV2H充放電設備を新規で導入する事業です。

出典：環境共創イニシアチブ (https://sii.or.jp)

工務店からこの実証事業への参画依頼があったということだ。二〇二一年十一月から翌一月までの三か月間、充放電設備導入事業に実証者として参加した。

一般的に世の中の電気料金体系は、時間帯別にｋＷｈ当たり幾らと料金が前もって決められているが、これからの時代には、卸電力市場価格というものが存在し、小売電気事業者が前の日までに三十分単位の発電電気を入札で買って需要者にその価格を事前にお知らせして、安く使える時間に多く電気を使ってもらえるという、新たな料金体系が出てくる。これはダイナミックプライシング、または変動料金制といって、既に飛行機の運賃など世の中では多くの商品の価格決定に採用されているが、「商品やサービスの価格を需要と供給の状況に合わせて変動させる価格戦略」だ。これが電気料金の世界でも採用され、この新しい電力料金を実験的に使って、電動車を持っている需要者に充電のタイミングをシフトしてもらおうという新しい試みで、その効果を図るものだった。

我が家の車はプラグインハイブリッド電動車なので、実証実験結果としては、電動車に充電する電気代が低減することはもちろんのこと、昼間に満充電できる機会が多く、遠出の時でも電気で走る距離が増えたという効果もあった。ハイブリッド車で、ガソリンだけだと一キロ走るのに約十円かかるが、電気だけで走ることができればその三分の一で済む。ただでさえ安い電気による燃料費だが、その電気による走行が格段に増えるというのがこの実証実験の成果だと思う。

（妻）何か駐車場にまた大きな機械が設置されたけど、これは蓄電池ではなくて何なのかしら。重たくてずっしりの機械ね。

「ダイナミックプライシングによる電動車の充電シフト実証事業」へ参画した結果等について

実証事業概要

①実証事業期間

２０２１年１１月～２０２２年１月

②実証事業形態

ＤＰ提供事業（小売電気事業者：アークエルテクノロジーズ）
充放電設備導入事業（ＥＶ、ＰＨＶ／ＰＨＥＶユーザー）

③実証事業実施方法

・当初の１月をフラットプラン（ＦＰ：２５円/kwh）で実施、次の１月をダイナミックプライシングプラン（ＤＰプラン）で実施。
ＤＰプラン：電力卸取引市場のスポット価格に連動し、３０分単位で２４時間電気料金が変動（9.14円～35円）

・ＦＰの期間においては必要の都度、ＥＶへの充電を実施。ＤＰの期間においては、日々通知される翌日の３０分単位の料金をみて、最安値の時間帯（主に１０：３０～１５：３０、００：３０～０３：３０）に充電を、最高値の時間帯（主に１６：３０～２０：３０、０６：３０～０９：３０）に放電を実施。

実証事業結果

①電気単価の低減

ＦＰ：２５円　⇒　ＤＰ：２０円
平均１６円＋約４円（再エネ賦課金、非化石証書）

②太陽光発電自家消費率の向上

一般的：３０％　⇒　蓄電池あり：６０％　⇒　＋Ｖ２Ｈあり：９０％

③充電機会の増加による電動車の電気による走行利用率向上

車両燃料費１，０００円の節減
ＦＰ期間：５０kwh/月　⇒　ＤＰ期間：１００kwh/月
電気で走行　　：５０ｋｗｈ×２０円＝１，０００円
ガソリンで走行：２，０００円
　１kwh当たり４ｋm走行、５０kwhで２００ｋｍ、
　ガソリン燃費：１０円／１ｋｍ

①、②はＤＰの新たな料金体系およびＶ２Ｈの活用による効果であり、③はＤＰによるもの。
標準的なＺＥＨで太陽光発電５ｋｗ出力（年間６，０００ｋｗｈ創エネ）であれば、Ｖ２Ｈ＋ＥＶ（10kwh）導入で年間で２，０００ｋｗｈ×１５円｛(２５円－１０円（太陽光発電原価)｝＝３万円の自家消費率向上によるメリットとさらに車両走行距離に応じた利用電気料金の低減が期待される。

（夫）我が家の車はプラグインハイブリッドといって、ガソリンでも走るが、電気は家庭でも専用のコンセントから充電できるものだ。しかし、コンセントから充電はできても車に搭載されているバッテリーの電気を家で利用することは、そのままではできない。そこで登場するのがＶ２Ｈ（Vehicle to Home）と呼ばれる、車から自宅への放電も行える、蓄電池のようなシステムだ。車から家に放電できるということは、停電などの災害時にも使えるということだし、専用の充電コンセントに比べて容量が大で急速充電が可能になる。

このＶ２Ｈという機械は先の実証実験に参画した時の特典として補助金をもらって設置したものだ。防災に役に立つとはいえ、まだ一般的には価格が高いので普及はまだまだ。しかし、これから電気自動車が増えてくると、このシステムも蓄電池よりも安く導入できるので、卒ＦＩＴと呼ばれる、太陽光発電の余剰売電を高く買い取ってくれる期間が過ぎたときには、このシステムが経済的に有効で自家消費を高めてくれるものと期待されている。

（妻）災害時に使えるということであれば、あっても邪魔にはならないわね。

（夫）いや、これが自家消費をさらに高めてくれるので、高価なものだが貴重なのだ。

実証実験への参画で導入したＶ２Ｈ

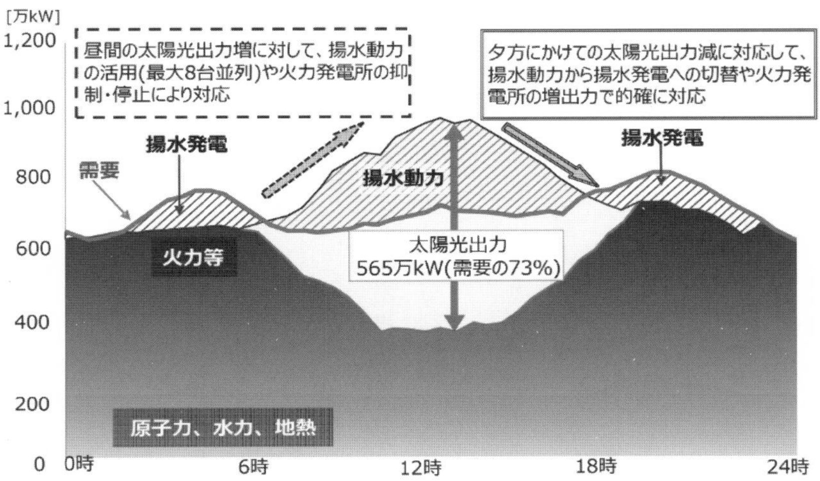

出典：経済産業省資源エネルギー庁（https://www.enecho.meti.go.jp/）

六―三　再生可能エネルギーの活用の取り組み

（妻）実証事業に参加したからといって、なぜ我が家の取り組みがそんなに注目されたのかしら。日本全国どこでも同じような問題を抱えているのじゃないの。

（夫）再度電気の話だが、本質的に電力というのは作り貯めができず、常に発電と消費を同量にしなければならない性質を持っている。このバランスが崩れると電気設備への悪影響が出るほか、最悪の場合はブラックアウトと呼ばれる大規模停電を起こすのだ。過去にも、大規模火力発電所の停止をきっかけに次々と発電所が停止して大停電が起きている例がある。供給側の太陽光発電は地球環境問題の温室効果ガス排出削減で力を発揮するが、日が落ちると発電量がゼロになり、曇りや雨の日に発電量が低下するなど、常に一定の電力を供給できるわけではないので、発電と消費のバランスをとるにはとても厄介な存在らしい。

前にも話した「ソーラーロス」という問題は、確かにどこでも起こり得るが、実は他の地域との違いでは九州では原子力発電が何基か働いているし、太陽光発電量も多いので、昼間の電気が余りやすい顕著な状況が出てきていた。出力制御というのも九州で初めて電力会社が実行したもので、電力の安定供給を続けるためには、今後も需給バランスが崩れる時期に出力制御は実施せざるを得ないらしい。

前の実証事業は全国的に実施されたものだが、その中で出力制御が当たり前になっている九州において、需要者側での色々な取り組みがされていることにＮＨＫさんは着目したようだ。ある工場では前日までに次の日の昼間の電気代が安いという情報を得て、それに沿った操業計画を作って夜の稼働人員をシフトして昼にもっていくやり方をやっているとのことだった。大量の電気を使う事業所では電気料金削減は大きな課題になっている。

再生可能エネルギーの有効利用という観点では、我々のような一般市民でも需要者側の一員としてできることがあるというのが今回、報道された趣旨だろう。それもＮＨＫという全国放送の看板番組で取り扱われたところに意義があり、これからの時代に向けた先進的な取り組みになったのだ。

（妻）最初は電気を沢山使う電気自動車が対象になり、そのオーナーとしての取り組みだったわね。今度はＮＨＫ福岡さんが取材に見えたけど、何が違ったのかしら。

（夫）ＮＨＫ福岡さんは目の付け所が鋭い。確かに大電力の電気自動車の充電をなるべく太陽光発電の多い時間に実施しようとするのは誰でも考えることだろうが、実は家庭の普通の生活の中で昼間に電気を多く使う機会を増やせないか、ということだった。実際、我が家では電気を沢山使うエコキュートやＩＨ、食洗機などをタイマーを使ったりして昼シフトしていたのがその対象になった。夕食の準備を昼間に実施しておいて、最低限の電気で食事に入れるようにするなど、ちょっとしたことでも生活の工夫でエネルギーの有効利用が図れるという、脱炭素社会への訴え、情報発信やね。

ＮＨＫ取材の顛末記　～一市民の取り組みを全国放送～

2021 年 12 月、2022 年 3 月、6 月とＮＨＫ全国放送で私どもの省エネの取り組みが取り上げられました。生活の工夫で再生可能エネルギーの有効利用ができるということの紹介でしたが、放送に至るまでの経緯を紹介します。

■　きっかけは何だったのか

私どもは 2021 年から 2022 年にかけて、経済産業省主導の「ダイナミックプライシングによる電動車の充電シフト実証事業」に参画し、再生可能エネルギーが大量に生み出され電気が余る昼間の時間帯に、多くの電気を消費する電動車（ＥＶ）への充電をシフトできないか、その効果、問題点などを把握する取り組みを実施しました。この実証事業へは、ＥＶを利用しているという条件で我が家を建てたエコワークスさんからの紹介を受け、福岡地場ベンチャーの新電力アークエルテクノロジーさんとの連携で参加したものです。その取り組みに全国放送のＮＨＫが着目し、これからの脱炭素社会への突破口となる可能性にかけたものです。

■　なぜ九州が注目を浴びたのか

実証事業は全国的に実施されましたが、その中でも九州地域においては原子力発電があり太陽光発電も多いという特性から、以前から太陽光発電事業者への出力制御が頻繁に行われてきました。九州では再生可能エネルギーを多く捨てていたのです。自然のエネルギーの無駄を何とかできないか、電気を使う側も何か工夫があるのではないか、工場などの電気を沢山使う事業所でもそうですが、一般市民でもできることはないか、そこにＮＨＫは着目しました。

■　なぜ一市民の取り組みが注目を浴びたのか

市民が普段使っていてかつ多くの電気を消費する電動車でちょっとした工夫で成果が出せる、これは今後の脱炭素活動の試金石になるのではと、ＮＨＫは九州の中でも福岡で実証活動している新電力と我が家に取材にきました。この新電力はこれまでにないダイナミックプライシングという時間変動の電気料金設定のシステムを開発したのが注目されました。我が家をＮＨＫへ紹介したのがこの新電力で、普段から省エネに取り組んでいる我が家を評価して選んで頂いたものと思います。

■　取材の現場

ＮＨＫ渋谷からはＩ担当記者が、カメラマンと音響担当はＮＨＫ福岡からきました。取材においては、そのカメラマンはディレクターのように手振り身振りまで指示をしてきました。カットは各場面であり、シートベルトを忘れて車に乗って車庫から出してしまって、バックしてもう一度と指示されたり、スマホの画面をもっと縦に見やすくとか、記者の目を見てとか、色々と言われながら家の外での取材は１時間にも及びました。これがテレビの放映では１分になるのですから、彼らの編集能力はたいしたものだと思います。放送は2021年12月24日21：30からの「ニュースウォッチ９」。30分番組で出番は１分でした。

■　今度はＮＨＫ福岡が

2022年２月、今度はＮＨＫ福岡が取材に見えました。記者はＮさんという女性、カメラマンと音響担当が一緒でした。ＮＨＫ福岡の視点は異なっていて、電動車ばかりでなくて家庭内で使う他の家電でも利用時間のシフトで省エネになるのでは、とのことでした。確かに家庭内で、ＩＨ、食洗機、炊飯器、エコキュートなど消費電力の大きいものがあり、これらについてタイマーを利用したり使う時間を早めるなどして、昼の電気代が安い時間にシフトすることを実施していました。主役が車から家電へ、夫から妻へ変わりました。家の中での取材はやはり１時間以上におよび、カメラマンはあちこちを撮影していました。放送は、2022年３月４日19：30からの「ザ・ライフ　脱炭素社会の本気度　九州沖縄の現在地」。30分番組で出番は３分ほどありました。

■　「電力クライシス」

エネルギー危機で原油やＬＮＧの高騰ばかりが原因ではなく、火力発電所が減ってきて原子力発電の再稼働もままならない2022年の夏、冬のブラックアウト、大停電が現実のものとなってきました。電気は需要と供給が一致しないといけません。供給が需要に追い付かなくなる可能性があり、政府は全国民へ節電を求めてきました。その状況を鑑み、ＮＨＫはクローズアップ現代でこの問題を取り上げることとし、その中で、既に電気利用シフトを実施している私どもに、過去の取材で得た情報の再利用の承認を求めてきました。放送は、2022年６月13日19：30からの「クローズアップ現代　電力クライシス」。27分番組で出番は最後の１分でした。

■ 伏線

６月 13 日夕方の放送に先立ち、その朝にこの番組の告知をするので以前の取材情報を使わせてほしいと、ＮＨＫ渋谷から連絡があり承認しました。毎日ではないですが、朝の６時半から NHK おはよう日本という番組があり、その中で経済トレンドを扱う「おはＢｉｚ」があり、そこでこれまでの分が扱われるとは思ってもみませんでした。その番組自体を知りませんでしたが、この番組での紹介がよくまとまっていると思いました。放送は、2022 年６月 13 日６：30 からの「おはよう日本」、その中の「おはＢｉｚ」で出番は１分でした。

ＮＨＫさんの取材の様子

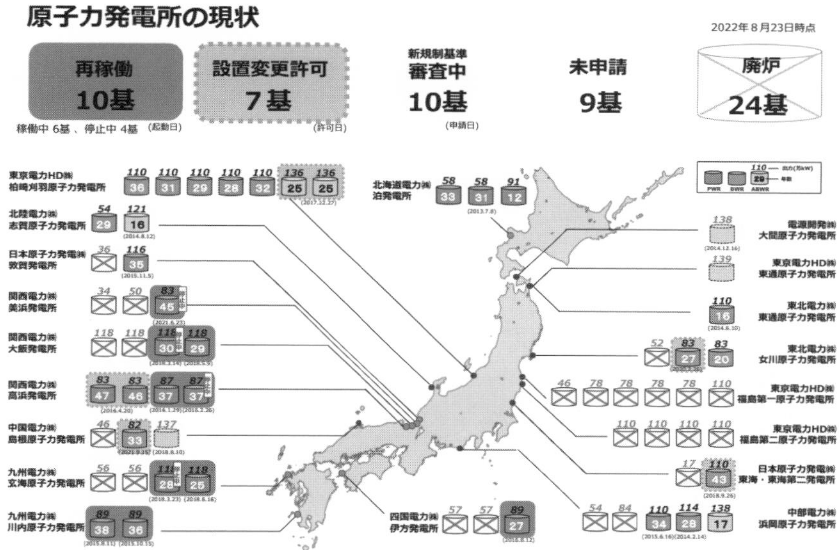

出典：資源エネルギー庁（https://www.enecho.meti.go.jp/）

2050 年カーボンニュートラルに向けて、一度は原子力発電の将来廃止を方針決定したけど、グローバルな情勢変化によるエネルギー安全保障の観点から、見直しはやむを得ないのね。
なるほど、再稼働している原子力発電所は西日本に偏っているし、特に九州に多い。

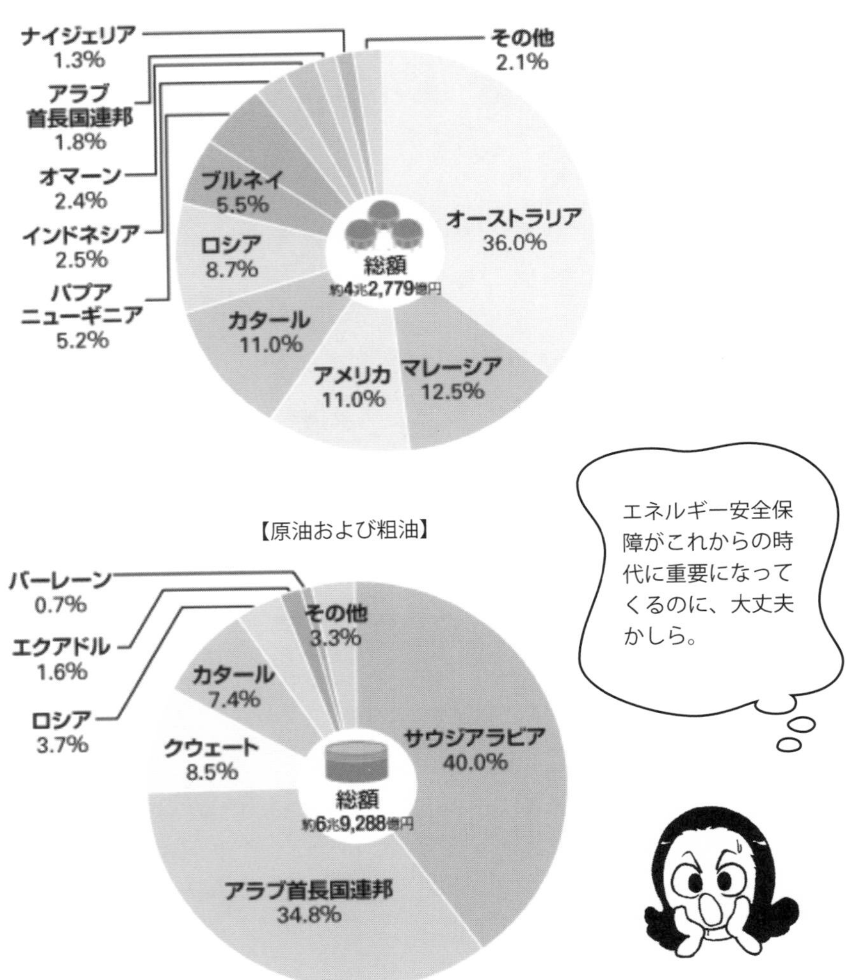

出典：一般社団法人日本貿易会ホームページ

日々のデータの取得（2022 年 8 月の例）

		発電 kWh	消費 kWh	買電 kWh				充電 kWh	自家消費太陽光率%	売電 kWh	蓄電 kWh	放電 kWh	温度 ℃		日照時間
				総使用量	EV走行	分電盤	消費-分電盤						最高	最低	
1	月	33.1	14.7	5.6	18.0	14.4	0.3	2.0	21.0	11.8	14.4	2.3	39.0	29.0	9.7
2	火	35.5	15.0	0.0	0.0	15.1	−0.1	0.0	9.0	27.9	4.5	11.8	40.0	29.0	9.7
3	水	25.6	32.0	4.8	0.0	31.7	0.3	0.0	58.0	0.3	10.5	12.8	38.0	28.0	10.7
4	木	36.6	34.3	4.7	0.0	34.1	0.2	11.0	55.0	2.3	14.2	9.6	36.0	27.0	10.9
5	金	37.8	32.9	1.4	8.0	32.7	0.2	8.0	48.0	4.6	14.8	13.4	36.0	28.0	8.1
6	土	15.0	28.8	2.4	3.0	20.5	8.3	0.0	50.0	0.1	8.0	10.4	35.0	28.0	3.8
7	日	35.1	28.2	2.3	0.0	27.9	0.3	9.0	41.0	5.1	15.5	11.6	39.0	27.0	6.9
8	月	33.2	30.6	0.9	0.0	30.3	0.3	9.0	48.0	2.1	15.1	13.8	39.0	28.0	6.2
9	火	33.9	31.1	0.9	0.0	31.0	0.1	7.0	53.0	2.1	13.8	12.4	38.0	27.0	7.9
10	水	24.7	21.9	0.0	3.0	21.7	0.2	0.0	46.0	0.3	13.0	10.6	38.0	28.0	4.2
11	木	25.4	21.9	0.1	2.0	21.8	0.1	0.0	45.0	1.8	12.2	10.5	38.0	28.0	4.5
12	金	11.5	17.4	0.9	5.0	17.6	−0.2	0.0	60.0	0.1	4.5	9.5	33.0	27.0	0.8
13	土	27.1	25.7	4.3	0.0	25.2	0.5	2.0	43.0	1.4	14.0	9.8	37.0	28.0	4.6
14	日	30.6	26.2	0.9	3.0	25.9	0.3	7.0	47.0	1.5	14.8	11.1	39.0	28.0	5.3
15	月	39.2	29.2	0.1	0.0	29.3	−0.1	5.0	47.0	8.6	12.3	10.9	37.0	29.0	8.4
16	火	14.8	16.6	0.0	5.0	16.3	0.3	0.0	41.0	0.1	8.6	10.6	34.0	26.0	1.6
17	水	1.8	12.8	8.5	10.0	12.5	0.3	0.0	90.0	0.0	0.2	3.0	28.0	25.0	0.0
18	木	23.1	28.0	6.0	3.0	27.8	0.2	10.0	61.0	0.1	8.8	8.0	33.0	24.0	10.2
19	金	30.2	12.0	5.3	16.0	11.9	0.1	0.0	18.0	10.8	14.0	1.8	36.0	25.0	6.8
20	土	21.4	12.3	0.0	0.0	12.2	0.1	0.0	13.0	14.3	4.3	9.4	37.0	29.0	2.5
21	日	26.4	30.0	0.2	0.0	29.9	0.1	10.0	51.0	0.6	12.2	16.4	34.0	26.0	6.3
22	月	18.3	20.4	3.9	0.0	20.1	0.3	0.0	55.0	0.1	8.1	8.3	33.0	26.0	6.6
23	火	29.6	21.9	3.1	0.0	21.7	0.2	0.0	37.0	4.7	14.0	8.0	35.0	26.0	5.1
24	水	8.7	18.3	4.1	0.0	17.9	0.4	0.0	78.0	0.1	1.0	7.4	31.0	26.0	0.0
25	木	30.0	15.9	5.6	6.0	15.6	0.3	3.0	22.0	9.3	14.0	3.8	31.0	25.0	9.9
26	金	23.8	20.4	0.0	0.0	20.3	0.1	8.0	43.0	5.8	7.8	10.2	33.0	23.0	4.2
27	土	34.8	21.8	0.0	0.0	21.3	0.5	12.0	39.0	9.7	11.6	8.3	33.0	22.0	9.3
28	日	30.3	16.0	0.0	1.0	15.8	0.2	1.0	29.0	13.8	8.0	7.3	32.0	23.0	6.1
29	月	35.6	16.3	0.1	0.0	16.1	0.2	0.0	26.0	18.0	8.2	6.9	35.0	23.0	10.0
30	火	38.2	25.2	0.0	9.0	25.1	0.1	9.0	33.0	16.8	8.7	12.5	37.0	25.0	9.8
31	水	25.3	22.7	0.0	3.0	22.4	0.3	1.0	44.0	0.3	13.9	11.6	35.0	27.0	6.1
計		836.6	700.5	66.1	95.0	686.1	14.4	114.0	43.6	174.5	325.0	294.0	35.5	26.5	6.3

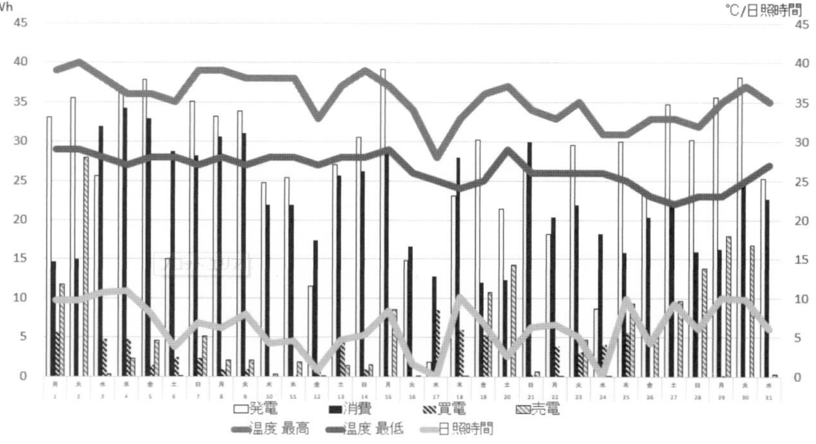

毎日の温熱環境のデータとエネルギー使用量のデータを取得して観察すると、天気と発電量、使用量の関係がよく分かるわね。

六―四　防災も視野、ＺＥＨの将来

（妻）ＺＥＨってこれからはどうなっていくのかしら。最高に快適、健康的な家なのでもうこれ以上変わる必要もないと思うけど。

（夫）いや、これからの家は単に快適、健康的だけではなくて、炊事、洗濯、掃除など家の中の活動がもっと便利になっていく。電気自動車も含めてありとあらゆる家電がネットでつながり、それらの稼働状況がいつでもどこでも見られて、スイッチオンオフがどこからでもできるということだ。ＩｏＴといって全てのものをネットで結び付け、ＡＩといって人間に代わる頭脳で自動的に制御してくれる。これができる家は究極のスマートハウスといって、いわば住まいの自動化だが、ロボットは代わりには住んでくれないので、人間が思う通りにこれらに指示してやらなければならない。人間は言うだけで実行はロボットたちだ。

人間には力仕事は無くなるので、もっと創造的な先を見た仕事をすることになる。しかしスマートハウスでも、予想できない災害には常に備えておかなければならない。地震、台風、津波、火山噴火などが起きると停電が想定されるが、二〇五〇年カーボンニュートラルに向けたこれからの時代では、平時でも需要と供給のインバランスで停電が予想される模様で、停電対策は喫緊の課題だ。社会もその対策にありとあらゆる手段を講じようとしているが、需要者側でもできる地道な省エネ、自助としての創エネはこれから益々大事になってくるのだ。

（妻）我が家でも太陽光発電を設置して売電で補助金があるようだけど、省エネなどで行政が後押し

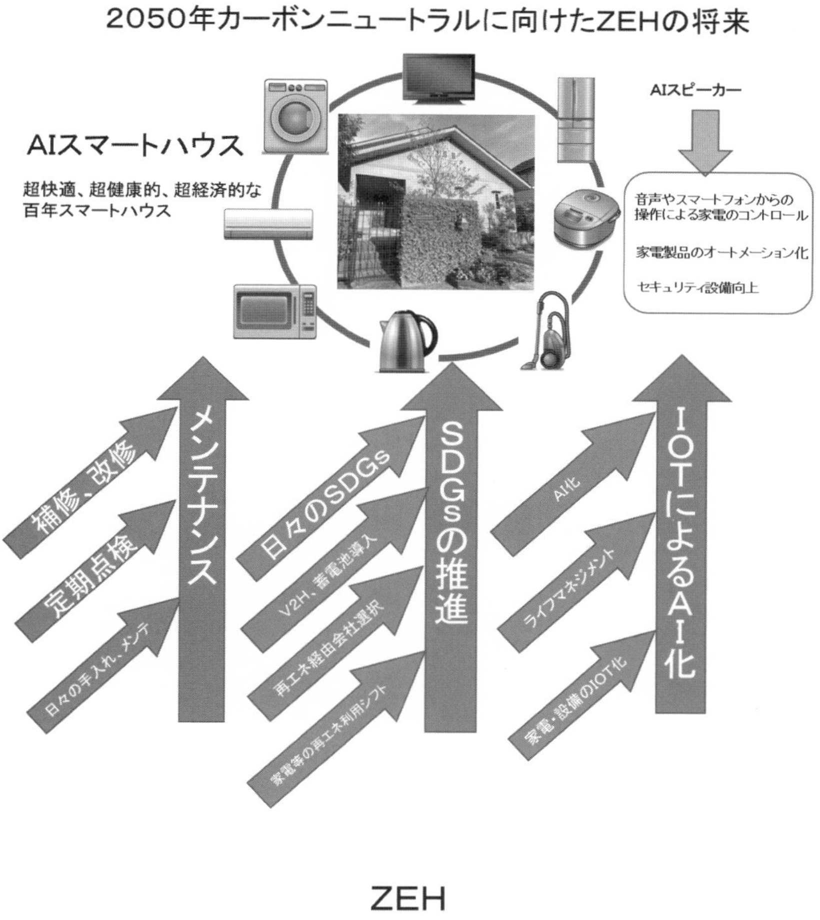

2050年カーボンニュートラルに向けたZEHの将来

AIスマートハウス

超快適、超健康的、超経済的な
百年スマートハウス

AIスピーカー

音声やスマートフォンからの
操作による家電のコントロール

家電製品のオートメーション化

セキュリティ設備向上

補修、改修
定期点検
日々の手入れ、メンテ
メンテナンス

日々のSDGs
V2H、蓄電池導入
再エネ経由会社選択
家電等の再エネ利用シフト
SDGsの推進

AI化
ライフマネジメント
家電・設備のIOT化
IOTによるAI化

ZEH

していることは多いのかしら。

(夫) とんでもなく山ほどある。地球温暖化対策の推進に関する法律で、「都道府県及び市町村は、その区域の自然的社会的条件に応じて、温室効果ガスの排出の削減などのための総合的かつ計画的な施策を策定し、及び実施するように努めるものとする。」とされていて、ほとんどの地方公共団体が、二〇五〇年までに二酸化炭素実質排出量ゼロに取り組むことを表明している。そのために自治体は多くの補助金を準備しているが、その中でも東京都の取り組みは顕著で、特に最近のウクライナ・ロシア情勢によるエネルギー危機に直面して、一層の拍車がかかったようだ。東京都のキャッチフレーズは、「Ｔｏｋｙｏ Ｃｏｏｌ Ｈｏｍｅ&Ｂｉｚ」、ポイントは「電力を減らす、創る、蓄める」で、ゼロエミ住宅（新築）や断熱太陽光住宅（既存）の普及拡大のため、ＺＥＨそのものや、太陽光発電、蓄電池、さらにはＥＶ（電動車）にも手厚い支援を準備している。その意気込みは凄いものだと思う。

(妻) 我が家はそれらを先取りして全部やっちゃったわけね。ロシアのウクライナ侵攻はじめ何が起きるか分からない世界になって、これから電気代もガス代もみんな上がるばかりだと思うけど、このような社会になるとは、今回のリフォームの前から分かっていたわけ？

(夫) たまたまやね。偶然とはいえ事が起きる前にすべて終わってよかった。

戸建住宅ネット・ゼロ・エネルギー・ハウス（ZEH）化等支援事業（経済産業省・国土交通省連携事業）

【令和４年度予算額　6,550百万円（6,550百万円）】
【令和3年度補正予算額　1,500百万円の内数】

環境省

戸建住宅の高断熱化による省エネ・省CO2化を支援します。

1. 事業目的

①エネルギーの自給自足により災害にも強く、ヒートショック対策にもなるZEH（ゼッチ）の更なる普及、高断熱化の推進。
②現行の省エネ基準に適合しない既存住宅の断熱性能向上による省ＣＯ２化。
③2030年までに新築住宅の平均でZEHを実現。2030年度の家庭部門からのCO2排出量約７割削減（2013年度比）に貢献。
④2050年のカーボンニュートラル達成に向けて脱炭素社会の推進。

2. 事業内容

戸建住宅の高断熱化による省エネ・省CO2化を支援するため、以下の補助を行う。

①戸建住宅（注文・建売）において、ZEH※の交付要件を満たす住宅を新築する者に対する定補助：55万円/戸
②ZEH以上の省エネ、設備の効率的運用等により再エネの自家消費率拡大を目指した戸建住宅（ZEH+）に対する定額補助：100万円/戸
③上記に系統連系対応型蓄電池を設置、低炭素化に資する素材（CLT（直交集成板）等）を一定量以上使用、又は先進的再エネ熱利用技術を活用する場合に別途補助：蓄電池2万円/kWh（上限額20万円/台）等
④既存戸建住宅の断熱リフォームに対し1/3補助（上限120万円/戸。蓄電池、電気ヒートポンプ式給湯機への別途補助）

3. 事業スキーム

- 事業形態　間接補助事業
- 補助対象　民間事業者等
- 実施期間　令和３年度～令和７年度

4. 補助対象の例

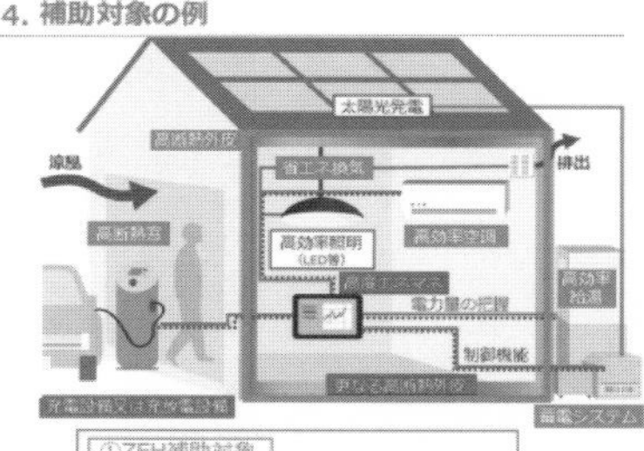

※「ZEH」は、快適な室内環境を保ちながら、住宅の高断熱化と高効率設備によりできる限りの省エネルギーに努め、太陽光発電等によりエネルギーを創ることで、１年間で消費する住宅のエネルギー量が正味（ネット）で概ねゼロ以下となる住宅です。

お問合せ先：　環境省　地球環境局　地球温暖化対策課　脱炭素ライフスタイル推進室　電話：0570-028-341

出典・東京都ホームページ（https://www.metro.tokyo.lg.jp/）

六―五　生まれ変わった家とともに歩む人生

（妻）五十過ぎて家を建てて、六十過ぎて家の見直しをして、もうあとはこの家を大事にして供に充実した余生を過ごしていく、のんびりと。それでいいのよね。

（夫）私は、家は目的でなくて、あくまで自分の人生を豊かにしてくれる手段だと思うので、家にばかりエネルギーを注ぐのは本末転倒だ。残りの人生で、まだ体験したことのないことや新たなコミュニティを求めて活動するのには、やはり生活のインフラとなる基礎が必要で、その基礎がしっかりしていれば、冒険とまでは言わないまでも思い切ったことができると思っている。我が家は、どういう状況になっているか、どこからでも分かるので、自分の子供のようにいつでも近くにいるような気分になれる。家電扱いの電動車もコネクティッドカーと呼ばれるものなので、普段は息子のように一緒に動いてくれるが、これもいつでもどういう状況かが分かる。家も車もみんな家族の一員だ。

今の世界は３Ｃ時代に直面していると思う。コロナ、カーボン、チャイナで、いずれもグローバルでこれらの課題をどうやって乗り越えるかだが、それだけ仕事があるということになる。この世界、今後も何が起きるか分からないだけに、しっかりと今を確実に生きていく、それに尽きると思う。快適で健康的な家が我々の人生を支えてくれる。これこそ頼もしい伴侶だ。

（妻）伴侶と配偶者とはどう違うのかしら、教えてほしいわね。

『家庭の省エネエキスパート検定』は、日常生活や企業などの活動における省エネと、省エネを推進する人材の発掘・育成が狙いの検定です。総合的知識を生かして、地域や企業活動において活躍できるレベルを目指します。

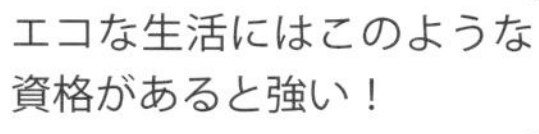

『環境社会検定試験』は、環境問題への社会的意識の高まりとともに平成18年に始まった公的検定試験で、環境について幅広い知識を有し、みずから率先して環境問題に取り組める人間を育成することを目的としています。

六―六　ＳＤＧｓは日々の暮らしの中に

（妻）昔から日々の節約や省エネは心がけていて、家を建てた頃は、パッシブデザインとかロハスとかいう言葉だったと思うけど、最近はＳＤＧｓという言葉を新聞やテレビでもよく聞くわね。一見分かりにくいけど、そんなに難しく考えることかしら。

（夫）地球上には戦争や貧困、差別、環境問題、エネルギーの問題など、さまざまな問題がある。そのため国連のサミットにおいて地球上で起こっている問題を整理して解決への道筋をつくった計画、「持続可能な開発のための２０３０アジェンダ」が定められた。この中に記載されたものが「Sustainable Development Goals（持続可能な開発目標）」、略してＳＤＧｓ。二〇三〇年までに達成を目指す十七の目標が定められているが、これらは経済、社会、環境問題などいくつかの大まかなテーマに分けられている。

これはグローバルな問題だが、我々の日常の生活におけるＳＤＧｓというものをどう捉えるかはさまざまだ。実際に我々ができる身近なことは結構たくさんある。水を出しっぱなしにしない、電気をこまめに消す、食べ物を残さないなど当たり前のようなことだが、我が家では、これらが自然といつの間にかできている。無理せずに持続できていて、それが結果的に無駄を排除しエコで効率的で健康的であるというぐらいに見做した。ジャンルは衣・食・住と広がるが、特に食では工夫が多く発掘され、食の奥の深さを痛感したものだ。これらのやっていることがストレス無くできて、楽しく持続できることが理想やね。

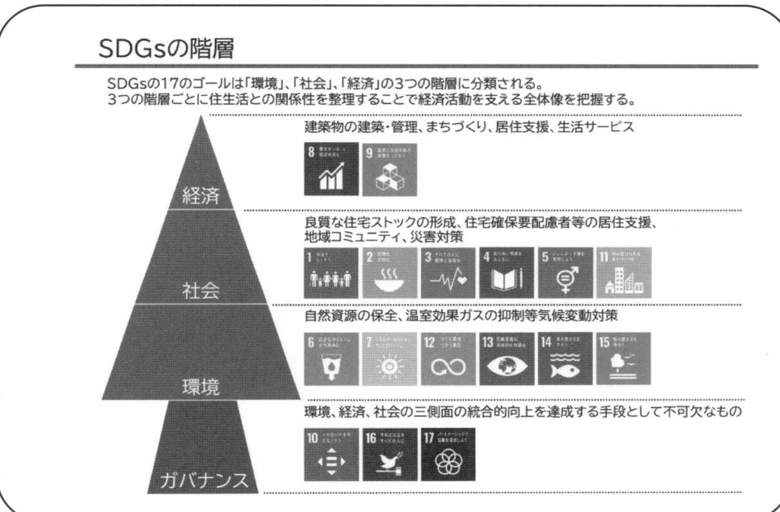

二〇五〇年カーボンニュートラルという脱炭素国家戦略が二〇二〇年末に打ち出され、再生可能エネルギー利用拡大を中心に、これから国を挙げての制度の大変革、技術の大革新が求められていく。このような環境変化の中で、日々の暮らしにおいて我々が社会に貢献できることは多くはないが、生活の知恵ともいうべき工夫をスマートに続けていくこと、それが全てに通じるように思えてならない。

2050年カーボンニュートラルを
見届けよう！

気が遠くなるわね。
今日一日を過ごす
のがやっとだわ。

学生期、家住期を
過ぎて、今や林住期。
遊行期へ向けて
まっしぐら。

カフェで休憩
エコアイランド宮古島

沖縄本島からさらに 300 ㎞、5 万人強の人口を抱える宮古島は台風という自然とも常に戦いながら、自然と共生する「エコアイランド宮古島宣言」を発表し、将来を見据えたエコアイランド活動を推進しています。

・島の生活を支える地下水を守る。
・美しいサンゴ礁の海を守る。
・限りある資源とエネルギーを大切にする。
・ゴミのない地球にやさしい島を目指す。
・すべての生物が共に生きていける環境づくり。

環境を保全し資源を循環させ産業を振興する活動の中で、エネルギーの自給自足を目指す取り組みが宮古島の中の来間島から始まっているというニュースがあり、実際に現地を見聞する機会がありました。

来間島では地域マイクログリッドと呼ばれる、災害で広域停電が起こるような状況になったとき、小さな地域単位で電気の自給自足ができるようにするエネルギーシステムが導入されています。

平常時は既設の送電線から電気の供給を受けますが、災害時にそれが止まったときに切り替えて地域内の発電設備から電気を自給自足できるシステムです。地域内では太陽光発電やバイオマス発電などの再生可能エネルギーで電気をつくり、蓄電池などで電力量をコントロールします。

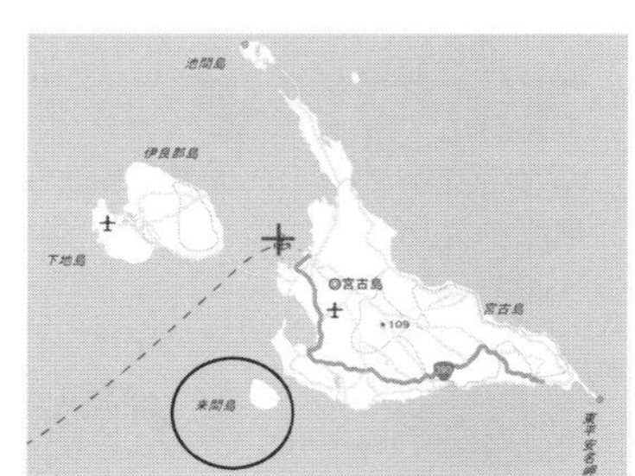

宮古島全貌
（国土地理院ウェブサイト）

来間島（国土地理院ウェブサイト）

この事業は、沖縄電力、ネクステムズ、宮古島未来エネルギー、宮古島市の 4 者合同により 2020 年 9 月から事業開始され、既存の太陽光発電設備に加え、住民の住宅に太陽光発電設備、蓄電池、エコキュートなどを第三者所有モデルで住民の負担なく無償で設置する形態となっています。

来間島では、ほとんどの家屋やカーポートの上に太陽光発電パネルが搭載されています

この設備を無償設置する形態はPPA（Power Purchase Agreement）と呼ばれ、当初、無料で設置するといっても住民の方たちにはなかなか信じてもらえなかったようで、説得に苦労されたようです。現在は来間島を含む宮古島全体にその対象を広げ、多くの住民の方たちが参加しています。

住居設置の蓄電池

宮古島には、太陽光発電、風力発電をはじめとする再生可能エネルギーがあり、バガス（サトウキビの搾り粕）を利用した発電設備や下水汚泥・家畜排泄物や生ゴミから堆肥を生成する施設を整備するなど、バイオマスへの取り組みも盛んです。

コロナ禍の前には100万人を越える観光客が殺到していたという宮古島。これからも千年先の未来を見据えた島としてその魅力を発揮してくれるでしょう。(夫)

宮古島空港
「あたらかシーサー」

来間大橋

海浜公園
イムギャーマリンガーデン

おわりに

本執筆時期も最後の方ではＺＥＨ化して二回目の冬に入り、それもいきなり寒さ厳しい日が続きましたので、再度断熱性能を確かめる機会がやってきました。かなりの寒さですので、ＺＥＨの家でもかなりの消費電力量になるのは避けられません。しかし、前回の冬にできなかった課題を解決するチャンスが巡ってきました。

我が家は築十五年のＯＭソーラーシステムの家ですが、前冬季は壁掛けエアコンのみで過ごしたために、床の暖かさを知りませんでした。福岡は冬季になると日本海性気候により昼間の日照があまり期待できず、補助暖房に頼ることになります。この補助暖房はＺＥＨでよくみられる床下エアコンではなくて、ＯＭ特有の加温コイル方式による床暖房でした。オール電化前はガスによる熱源供給、電化後はヒートポンプ給湯による方式で、これを今年は活用することとして、環境改善を図ることにしました。

まず床暖房の対象エリアを狭くしました。納戸六畳と浴室についてその基礎空間を封鎖して床暖房のエリア対象外とし、これで二十平方メートル減ってリビング中心の百平方メートルの暖房床としました。次に、加温コイル方式では、基礎空間に温風拡散のための空気を送り込む必要があり、この空気取り入れ口が床暖対象エリアの外にありましたので、三ｍのアルミダクトを調達して、吹き抜け空間の上部から暖かい空気を取り込んで、ＯＭダクト（白）経由で基礎空間に送り込むことにしました。

このダクトはＯＭソーラーシステム本来の床暖房システムに使用しているもので、補助暖房にも使用されます。

壁掛けエアコンを使わず、ＯＭ補助暖房による床下暖房の環境改善が終わって、室温二十三度設定で試行錯誤を続けています。床表面温度は常に二十度くらいあり、床下から来る暖気で室内温度も二十一度くらいにはなります。壁掛けエアコンでは対流のみによる暖房でしたが、熱伝導による足下からの暖房も加わると、体感度合いが異なってきます。我が家も床下エアコンによるＺＥＨの家にかなり近づいたかなと考えています。

暖かい部屋の上部から空気を取り込んで、ダクト経由で加温コイル設置の基礎空間へ送り込む床暖房

３Ｃ時代の到来、コロナ、カーボン、チャイナです。いずれもグローバルな視点での対応が必要ですが、その中でもカーボンニュートラルへの取組みは社会経済を変革し、産業構造の転換と成長を生み出すチャンスとなります。二〇五〇年カーボンニュートラルに向けて経済社会が大きく動き出した二〇二二年ですが、なんと「電力クライシス」という有史以来の電力危機に見舞われています。

過去には東日本大震災のときの計画停電がありましたが、震災発生もない通常の今の時期に、日本全体がエネルギー危機の瀬戸際に立たされるという最悪の事態になっています。これをどう乗り越えていくか、その成り行きは今後の日本のエネルギー戦略が試される大きな試金石ともなるものです。

我々もその一員として試される側ですが、利用するエネルギーを節約しようという国の掛け声に応じるだけでは、これからの脱炭素時代にはついていけません。変貌する新しい社会で置いてきぼりにならないように、ＳＤＧｓの理念に従って、生活様式を変革する、日々の生活の中で工夫する、できるところから小さいことでもやってみる、などなどやってみる価値のあるものは山ほどあると思います。

３Ｃに加えて、誰もが夢にも思わなかったロシアの軍事侵攻が勃発。グローバルな安全保障に加えエネルギー保証、食料保証などの問題が同時に顕在化してきました。益々混迷を深めるグローバル社会ですが、問題化するということはそれ自身が解決の糸口になります。解決できない問題はありません。これからどう取り組むかだけです。最も大きな問題はやるかやらないかだけだと思います。

最後までお読みいただきありがとうございました。

前回の『終の棲家づくり』発刊から12年、再度の上梓の機会を与えて頂いたエコワークスの小山社長をはじめすべての社員の方々に感謝申し上げます。

また執筆にあたり、多くの関係者にアドバイスを頂きました。厚く御礼申し上げます。

ＳＤＧｓの理念に沿ってこれからも未来世代に引き継げる循環型社会へ寄与していきたいと思いますのでよろしくお願いします。（夫）

新たな住まいに関しては、沢山の方々の知恵、アドバイスを頂きました。本当にありがとうございました。2050年が今以上に安心して暮らせる時代であることを祈念したいと思います。

今後ともよろしくお願いします。（妻）

次世代の子供たちが平和に安全に暮らせるように地球環境を守る運動を継続していきます。微力ながらお役に立てるように努めていきますのでよろしくお願いします。（娘）

〈ZEH化のまとめ〉

■ スケジュール

二〇二〇年（令和二年）十一月　二十日（エコワークス）ZEH化工事請負契約締結
（JHS）蓄電池設置工事契約締結
十二月　四日　太陽光発電パネル、パワコン、車充電器設置工事
（エコワークス、九州オーデン）
二〇二一年（令和三年）十二月　十七日　エコキュート設置工事（白金）
五月　十四日　テスラ蓄電池設置工事（JHS）
五月二十五日　系統連系に係る契約のご案内
（九州電力送配電株式会社→九州オーデン）
六月二十八日「再生可能エネルギー発電事業計画の認定について（通知）」
（JPEA→九州オーデン）
七月　九日　太陽光発電開始、テスラ蓄電池稼働開始
十二月　二日　V2H設置工事、稼働開始（FOUR・SE）
二〇二二年（令和四年）六月　三日「再生可能エネルギー発電事業計画の変更認定について（通知）」
（JPEA→薗田）

■ 導入システム

① 太陽光発電システム導入

・パナソニック製パネル30枚　7・5ｋＷ

・パナソニック製パワーコンディショナー5ｋＷ×2台

② 給湯システム変更

・ＤＣ貯湯槽　⇩　矢崎製エコキュート・ソーラーヒート

・ガス湯沸かし器撤去（ガス利用廃止）

③ 断熱性能確認（築15年）

・断熱性能：ＵＡ値０・54（ＺＥＨ条件：０・６以下）

（既存設備の機能向上）

① ＯＭソーラーシステム（床暖房）の補助暖房設備変更

・ガス補助暖房　⇩　ヒートポンプ電気熱源

② ＯＭモニタ変更

・ＯＭリモコン　⇩　タッチパネルリモコン

（先進的設備導入）

① 充電コンセント

② テスラ製蓄電池（13・5ｋＷ）

③ ニチコン製Ｖ2Ｈ（スタンダード）

我が家のＳＤＧｓ 100選

地球上には戦争や貧困、差別、環境問題、エネルギーの問題など、さまざまな問題があります。そのために国連のサミットにおいて地球上で起こっている問題を整理して解決への道筋をつくった計画、「持続可能な開発のための2030アジェンダ」が定められました。この中に記載されたものが「Sustainable Development Goals（持続可能な開発目標）」、略してSDGs。2030年までに達成を目指す17の目標が定められていますが、いくつかの大まかなテーマに分けられています。

すべての目標を達成するために欠かせない『平和』と『パートナーシップ』

16 PEACE AND JUSTICE

17 PARTNERSHIPS

平和と公正をすべての人に　パートナーシップで目標を達成しよう

日々の生活におけるＳＤＧｓというものをどう捉えるか、人によってさまざまでしょうが、我が家では、自然といつの間にかできている、無理せずに持続できていて、それが結果的に無駄を排除しエコで効率的で健康的であるというぐらいに見なしました。ジャンルが衣・食・住と広がりますが、特に食の炊事編では妻の見地からの工夫が多く発掘され、食の奥の深さを痛感しました。これらやっていることがストレス無く、できれば楽しく持続できることが理想です。

2050年カーボンニュートラルという脱酸素国家戦略が2020年末に打ち出され、再生可能エネルギー利用拡大を中心に、これから国を挙げての制度の大変革、技術の大革新が求められていきます。このような環境変化の中で、日々の暮らしにおいて我々が社会に貢献できることは多くはありませんが、生活の知恵ともいうべき工夫をスマートに続けていくこと、それが全てに通じるように思えてなりません。

Ⅰ．　衣・共通編

つくる責任
つかう責任

気候変動に具体的な
対策を

① シャツ、ズボンなど毎日着替えるものは全て見えるように

衣類は、仕舞い込んでしまうとそれがあること自体を忘れて、結局は着ない結果になってしまいます。収納場所も無駄になります。日々使うものはハンガーにかけるなど、なるべく目に見えるようにしたいものです。

② 編み物で使った残り毛糸で靴下作り

わずかに残った毛糸を組合せると素敵な靴下に変身します。身近な人へのプレゼントにもなります。

③ 着なくなったもので使える物はパッチワークに利用

パッチワークはツギハギそのものがデザイン。如何に生地を再利用するか、アイデア勝負です。

④ シャツは形状記憶シャツにして家で洗濯、クリーニングに出さない

シャツは形状記憶のタイプにすることで家で洗濯してもパリッとしています。毎日取り替えて気持ちよく仕事ができます。

⑤ クリーニングは、季節の変わり目に。着る回数の少ないものは出さない

よほど目立つ汚れが無い限り、スーツ類は季節の変わり目にクリーニングに出します。料金セールも利用。着る回数の少なかったものは極力出しません。おしゃれな服はおしゃれ着用洗剤で家庭でも可能です。

⑥ 冬の乾燥時は洗濯物は室内干しをして部屋の湿度を調節

冬の時期、天候の悪い日は室内干しです。春の時期の黄砂や花粉対策もありますが、部屋の中は乾燥状態にありますので、湿度対策にもなります。

⑦ 寒いときは１枚多く着こんで調節。厚手の靴下やひざ掛けを活用

冬季、ちょっと寒いなと思えば、普段より一枚多く着込んで調整します。スカーフ、ネックウォーマーなど首周りの保護だけで一枚分です。厚手の靴下も効果的。ひざ掛けもいいですね。

⑧ 母娘で共用できるものを交換し合う

体型が同じであることが条件ですね。しまった、若すぎた！と思っても、娘が着てくれます。逆はあまり無いようですが。

⑨ 晴天のときはこまめに布団干しをする。布団は叩かない

布団は叩くと綿が切れます。ダニが気になるなら掃除機を使って吸い取ります。干した布団で寝ると太陽の恵みを感じます。

Ⅱ．食

貧困をなくそう　飢餓をゼロに　済み続けられるまちづくりを　つくる責任つかう責任　気候変動に具体的な対策を　海の豊かさを守ろう　陸の豊かさも守ろう

Ⅱ．1　食・買物編

① 生協が基本。メーカー品は一般スーパーでチラシを見て安い日に購入

添加物の無いあるいは少ない食材、なるべく精製されていない食材、低農薬野菜などを求めて、生協で買い物をします。生協ではどこで誰が作ったかが分かり安心です。そういう心配が不要な場合は近くのスーパーも利用しています。賞味期限の短いものを優先的に買います。

② 買物はまとめ買い

生協への買物は週一でまとめて購入します。ちょくちょく買うより、無駄がなくなります。頻繁に店に行くとついつい必要でない物まで買ってしまいがちです。

③ 店にはエコバッグを持参、マイボトルも持ち歩き

レジ袋有料化もあって今や常識化したマイバッグ。買物でない外出時でもいざというときのため、常に小さく折りたためるエコバックを携帯しています。マイボトルも持ち歩いてプラスチックを出先で使用しないことで「海洋プラスチック問題」に貢献できます。

④ パンは買わずにホームベーカリー

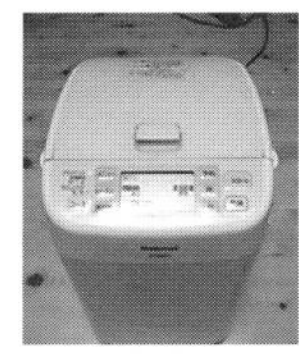

使用する材料も吟味して量も調整します。木の実、野菜、干し葡萄など好みでいれます。添加物の無いオリジナルな自分好みのパンができあがり。

⑤ 冷蔵庫の残り物を見て献立を決める

献立を決めるときは冷蔵庫の中をチェック。残っている食材でメニューを決めます。消費期限に気をつけて冷蔵庫の中にあるものは持ち越さないようにします。

Ⅱ．２　食・炊事編

① 時間に合わせて調理

保温や温め直しの無駄を無くすため、食事の時間に合わせて調理開始。夫からの帰るコール（帰るメール？）が目安です。

② ゆで卵などゆでるものは早めに火を止めて保温熱利用

ゆで卵は、出来上がり時間をみて早めに火を止めます。お湯自体が十分熱いので、保温熱で好みの固さに仕上がるよう調整します。また同時にゆでることができるものは一緒に湯がくと効率的です。時間短縮かつ経済的でもあります。

③ レンジも活用

野菜は湯がくと栄養がぬけます。短時間で仕上がり栄養も抜けない方法として電子レンジを活用します。

④ 大根の葉・カブの葉も捨てずに調理して使う

葉はつい捨てがちですが、調理して使うことで無駄が無くなります。葉は栄養的にもよいし、ゴミも減ります。

⑤ だしをとったイリコ・鰹節も再利用

イリコ、昆布などダシを取るのに前夜からタッパに入れて水に漬けておきます。使用後は乾燥させた後、ミキサーで粉末にしてふりかけにして再利用できます。

⑥ 野菜、果物は皮に栄養あり

野菜、果物は実と皮の間に栄養があります。皮は捨てずに利用します。根菜類はタワシでよく洗っておきます。

⑦ 献立は薄味に。塩分、糖分に気をつける

ダシを十分とったり、旬のものを利用することでおいしい料理が出来上がります。

レモンや柚子などもよく利用します。健康にも優しい調理が必要です。

⑧ ご飯は胚芽米、雑穀を追加

栄養面を考慮して、白米ではなく胚芽米を基本にし、雑穀（麦、もちきびなど）を加えます。玄米も時には利用します。

⑨　残りご飯は炊飯器で保温せず、冷凍して保管する

炊飯器での保温は無駄です。多めに残ったときは一膳分ずつ暖かいうちにサランラップに小分けして平らに包み、冷凍保管します。食べるときには電子レンジで温めます。

⑩米のとぎ汁は植物に、コーヒーかすもリサイクル

米のとぎ汁は植物にとっては栄養です。下水も汚しません。とぎ汁を出したく無ければ無洗米というのもあります。また、コーヒーかすは消臭剤、または植物の肥料にします。

⑪野菜をたくさん取る

健康面も考慮して野菜をたっぷり取ります。温野菜にするとかさも減ってたくさん食べられます。もちろん生で野菜サラダもおいしいです。葉物野菜の他、根菜野菜もよく利用します。旬のものを取り入れます。

⑫瓶入り、チューブ入りの調味料は最後まで利用

これらは逆さにしておけば、無駄なく利用できます。マヨネーズもきれいに下の方に溜まります。

⑬冷蔵庫は物を詰めない

冷蔵庫に物を詰め込むと、冷気が庫内に回りません。間を空けて余裕のある保存をしたいものです。

⑭野菜は濡れ新聞で包んで冷蔵庫に保管、あるいは冷凍保管

低農薬野菜も安かったりするとまとめて買う場合があります。この場合、濡れ新聞で包んで冷蔵庫に保管するか、あるいは冷凍保管して保存します。これらはなるべく早く使うようにします。キノコ類は安い時にまとめ買いして１回分ずつ小分けして冷凍します。これで栄養価がアップします。

⑮　冷蔵庫の設定温度は弱設定

冷蔵庫の開け閉めと関連するでしょうが、普通は弱設定でも問題ないでしょう。強設定を使うのは夏季でよほど開け閉めが多いときでしょうか。

⑯　冷蔵庫は頻繁に開け閉めしない

頻繁に冷蔵庫のドアを開け閉めしないでいいように、調理手順を考えて食材の取り出しを考えます。

⑰　食器は洗う前に布切れ等で汚れをふき取る

捨てる前の衣類、タオル等を小さく切って保管しておいて、皿拭きに利用します。洗剤が少なくて済みますし、排水管や河川を汚しません。

Ⅱ．３　食・食事編

① 朝食は抜かない、夜は９時まで

朝食は一日のスタート。朝、昼はしっかり取ります。夜は９時以降は食べないようにします。夜遅く食べると、多く取った分、体に残ります。

② 飯粒は一粒も残さない

食べ散らかすのは、マナー違反でもあります。御飯は一粒も残さないようにし、おかずは集めるようにして食べて、やはり残さない心掛けが必要です。外食のビュッフェなどで食べるときも必要分だけ取り皿にとります。食べ残しをしないことで世界で話題になっている「フードロス問題」に貢献できます。

③ 食事は３０回かんで、満足感。腹八分で満足

たくさん噛むことで、お腹も満足感が得られ、胃腸にも負担をかけずに済みます。
一口３０回は大変ですが、意識して実行します。あごをよく使い、脳への刺激にもなりますね。
福岡市にある「しいのみ学園」園長の故昇地三郎先生（享年１０７歳）のモットーでした。

④ コーヒーは生で飲む

コーヒーは豆を挽いて香りを楽しんでから、生で飲みます。そうすることにより豆の違いによる酸味、甘味、苦味やコクがよく分かります。糖分は一般の食事で十分摂取しているので、砂糖は不要です。好みで時々ミルクを入れます。

Ⅲ．1　住・共通編

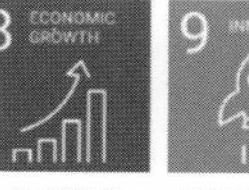

① 築 13 年の家屋をＺＥＨ化

築 13 年の我が家でしたが、太陽光発電パネルを搭載、オール電化してＺＥＨ化することができました。元々断熱性能がよかったので最小限の改修で済みました。2050 年カーボンニュートラルに対応します。

② 家計簿をつける

家計簿をつけることで、我が家の実力値が分かります。将来への備えにもなりますし、日記代わりにもなっています。

③ 使わないリモコンの電池は抜いておく

電池は放置しておくと電圧低下になり、液漏れもしてきます。頻繁に使わないリモコンの電池は抜いておいた方が無難です。

④ コンセントは抜く

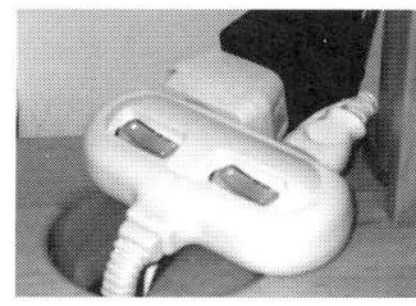

電気をこまめに消すことはもちろんのこと、待機電力を減らすために、コンセントからコードは抜いておきます。抜くときはコードとコンセントは離れていることが分かるようにしておきます。抜けない場所にあるコンセントには、オンオフ付きのテーブルタップを利用します。

⑤　化石燃料は使用しない

石油やガスのストーブは使用しません。これらは空気を汚しますし、火災の危険性があり、二酸化炭素も出ます。
電気温風器や遠赤外線の電気ヒーターは必要最小限の使用です。

⑥　盛夏には窓を開けない

盛夏には外の温度は中の温度より高いので窓は開けません。外の湿気も入ってきます。断熱材の効果で室内の方が涼しくなっています。

⑦　冬は好天でなければシャッターを閉める

天気がよければ南側のガラス窓や戸から日射取得しますが、そうでなければ冬場にはリビングの大きなシャッターを閉めれば夜間の室内の保温効果が高まります。

⑧　寝室、書斎の窓などに保温シートを貼る

厳冬期には寝室、書斎の窓などにシートを貼ってコールドドラフト（下降冷気）を防ぎます。我が家は防犯仕様の三重ガラスですが、それでもアルミサッシなので寒気を完全にシャットアウトはできません。室内の温度差を無くして空間の快適性を保ちます。

⑨　エアコンをうまく使用し、シーリングファン等で全館の温度差を無くす

ＺＥＨの家では基本的にエアコン１台で暖房、冷房をします。さらにシーリングファンで冬は上向き夏は下向きで部屋全体の温度差を無くします。空気がこもるところがあれば、サーキュレーターなども使用します。結露、ヒートショックの無い家が実現します。

⑩　リビング、ダイニング等共用部は常にきれいに

家族が共用で使うリビング、ダイニングは常にきれいに保つようにします。特にテーブルの上には物を放置しない。いつも整理整頓を心掛けます。きれいにすることで心もすっきりです。

⑪　ダイニングの電灯は夏冬で付け替え

ダイニングの電灯は、夏は涼しい水色、冬は暖かいオレンジ色にして、季節感を楽しみます。これで体感温度も変わるそうです。

⑫　アクションものはプラズマ、ニュースは液晶

同じテレビでも映画のようなアクションものはプラズマテレビ、朝のドラマ、ニュースのような静の番組は液晶テレビと使い分けます。プラズマテレビは大画面で電熱器のように発熱するので、見る番組を限定します。

（もう今やプラズマテレビは昔の話ですが、我が家では壊れるまで辛抱です。）

⑬　電力会社は、太陽、風力、水力発電に強いところを

今や電力会社も選ぶ時代。作られる電気にも種類があり、再生可能エネルギー由来の電気のみを供給している会社もあります。そういう電気を選べば地球環境保護にも貢献できますね。我が家ではさらにダイナミックプライシングという時間毎に変化する電気料金体系で昼間の安い時間帯の電気を有効に使っています。昼間は太陽光発電が多いので、この時間に生じる「ソーラーロス」を減らす方策です。

Ⅲ．２　住・リサイクル編

①　コンポストを活用

ありとあらゆる生ゴミを箱に入れます。魚の内臓、ぬか、卵殻、コーヒー紅茶日本茶の茶殻、廃油、野菜、バナナみかんなどの果物の皮、何でも可です。いい堆肥になり、ガーデニングに利用できます。生ゴミが出ないため、市へ出すゴミは減ります。

②　ゴミは選別、リサイクル

ダンボール、新聞紙等リサイクルできるものは、まとめておいて集会所の集荷場へ持って行きます。ペットボトル（フタを分別）、ビンカンも別の集荷場へ適宜もって行き、家の中に放置しないようにします。

③　雨水タンクを利用

玄関脇に雨水タンクを設置し、玄関回りの植物の水遣りに利用しています。後に出てくる風呂の残り湯の活用と同じで、災害時にも威力を発揮しそうです。

④　使わないはがきは手数料を払って交換

年賀状の余りなど使わないハガキは５円の手数料を払って郵便局で交換します。あるいは、プレゼントの応募用などに使ってもいいでしょう。

⑤　捨てる前の衣類は雑巾、掃除等に利用

食器は洗う前に布切れ等で汚れをふき取る以外に、ストッキングは靴磨きや、棒に撒きつけ冷蔵庫下の掃除に利用できます。

⑥　通帳、請求書などは電子化

時代はＤＸ、紙によるお金の管理は近い将来全て有料化します。通帳や請求書などは紙ベースから電子化です。紙を使わなければ、森林を破壊しなくて済みます。

⑦　プリンタに用いる紙は、一度使用した紙の裏を使う

今時、会社では当たり前の紙節約の方法、家庭でも当たり前に実施します。新しい紙を使用する場合、プリンタの表裏印刷機能も活用します。

⑧　チラシの裏が白いものはメモに利用

今でも裏が白のチラシは沢山ありますね。そのままでもいいし、四つに切ってメモ代わりです。

⑨　捨てる前の歯ブラシが掃除に活躍

窓の桟の掃除、溝の掃除には歯ブラシが最適。狭いところの黒い汚れがきれいになり、気持ちも明るくなります。

⑩　茶殻を玄関にまき、掃いて掃除

畳に茶殻を撒くやり方は一般的です。きれいにほこりが取れます。我が家ではこれを玄関に撒いています。

⑪　靴箱の棚に新聞紙を敷く。

靴箱は案外湿気の多いところ。湿気取りや汚れ取りに新聞紙が使えます。靴箱の背面や棚そのものは杉板でできているので清潔ですが、外から持ち込む靴は汚れの塊です。

⑫　重曹で掃除

キッチンの油汚れを除去するのは結構手間。重曹はしつこい汚れにもいいみたいです。キッチンシンクみがきには、コンポストに入れる前のレモンの皮を使ったりもします。

⑬　ペットボトルが湯たんぽに

寒い夜のお供にお湯の入ったペットボトルはいかがでしょうか？　布団の中に忍ばせれば、温かく休めます。

⑭　洗濯には風呂の残り湯を使う

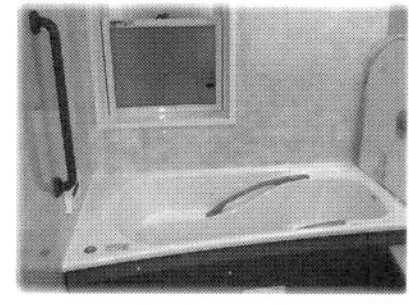

温かいお湯で洗濯すれば、汚れの落ち方も違いますし、水も節約です。風呂の残り湯は掃除等にも使えます。

Ⅲ．3　住・水周り編

① 歯磨き粉は搾り出して最後まで、化粧品ボトルは使い終わってもひっくり返す

歯磨き粉は搾り出して最後まで使うために、尻尾の方から巻いてワニくちクリップで留めます。瓶入り、チューブ入りの化粧品ボトルは、使い終わってもひっくり返しておくと、キャップに残り液が溜まります。

②　洗濯には液体石鹸の利用

食器洗い、洗濯には合成洗剤は使いません。川、海を汚さないためですが、合成洗剤には界面活性剤の恐怖があります。

③　洗面台等で水を出しっ放しにしない

洗面台に限らずつい蛇口の栓を開きっ放しにしがちですが、出しっぱなしにせず、必要な分だけ汲み置きします。

④　おふろは続けてまとめて入る

家族の中ではなるべく間を置かないようにして、風呂に入ります。家族一緒に入るのもいいでしょう。

⑤　風呂の残り湯は残しておく

洗濯への再利用、掃除への利用もありますが、いざというときの災害対策です。

⑥　風呂から上がった後はしっかりと蓋

風呂から上がった後は、お湯が冷めないようにしっかりと蓋をします。最近の保温式の浴槽は、次の日まで高い保温力を発揮します。

⑦　冬乾燥時、風呂上がりには戸を全開

冬季の乾燥時、風呂から上がった後には風呂の戸を全開し、居室内の湿度調節をします。夏は戸を閉めて浴室の窓を開けておきます。

⑧　トイレの消臭に炭、コーヒーかす

トイレの消臭に炭を置いています。デザイン的にも悪くありません。清潔な感じがします。コーヒーの抽出で出るかすも臭いを吸収するので有効ですね。コーヒーかすは日光浴などで乾燥させてから使います。

Ⅲ．４　住・外回り編

①　暑いときは打ち水

夏の暑いときには打ち水をします。これで体感温度が下がり涼しく感じます。植物への水遣りも兼ねます。

②　ベランダで野菜作り

我が家のオリジナルな野菜作り。無農薬で収穫も楽しくなります。リビングから見る鉢野菜も目を楽しませてくれます。

③　種、挿し芽、挿し木で増やす

緑は種、挿し芽、挿し木で増やすと楽しみも倍増します。

④　購入したネギなど根つきのものは土へ

購入したネギなどに根があるときは、土へ植えると収穫が期待できます。これもリサイクルですね。

⑤　夕顔などの葉つき植物で西側の日避け

朝顔、夕顔などの葉つき植物を西側の壁に這わせて日避けとします。緑のカーテンですが、中の窓からは緑がまぶしく見えます。

⑥　３６０度家の周りを緑で

家の周りを緑で囲んでいます。季節の折々に色々な花が目を楽しませてくれ、楽しみになっています。

⑦　庭作りは自分達でできる範囲で実施

庭作りには終わりはありません。自分達でできる範囲で庭の整備や手入れをして楽しみます。自分達の納得のいく庭になるまで時間をかけます。

⑧　車、自転車は使用しないときはカバー

雨に打たれると、自転車は錆つきます。油も切れやすくなります。自動車も屋根付き車庫はあっても横風で汚れます。自転車も車も物。カバーで長持ちします。大事にしたいものです。

⑨　電動車を使用

家はＺＥＨ、車はＥＶの時代に入りました。太陽光発電による電気で車に充電できればガソリンという化石燃料の使用も減らせます。2050 年カーボンニュートラルに向けて待ったなしです。

⑩　充電式ソーラーＬＥＤの明かりを採用

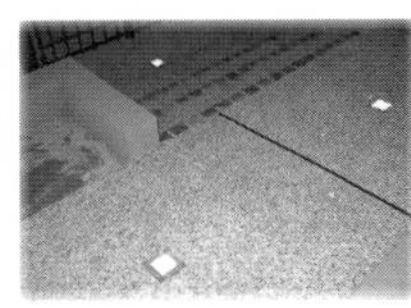

庭や玄関アプローチにはＬＥＤの充電式太陽光照明器を設置しています。配線要らずの自然エネルギー利用光です。

Ⅲ．５　住・家づくり編

①　借景

我が家の周りには、公園も含めて他の家の素敵な庭や樹木があります。これらを家の中から見て楽しんでいます。

②　西の公園を大事に

我が家の西側には、７本の桜が植えられている市の公園があります。これを大事にしない手はない。ダイニング、キッチンを西側に配置し、日々、緑を楽しんでいます。桜の時期は最高です。

③　水周りを集める

当たり前のことでしょうが、キッチン、バス、洗面、トイレは一箇所に集め、我が家の場合は北西です。主婦の動線を考えた結果です。

④　水周りのシステム（キッチン、バス、洗面）は、手入れのし易さで選択

水周りのシステムの選択は、主婦にとっての手入れのし易さが最優先でした。長いお付き合いになりますので、普段の手入れが大切です。

⑤　バスには鏡なし

バス室内には鏡は敢えて取り付けませんでした。水垢が気になりますし、無ければ掃除も楽です。必要なら置き鏡で十分でしょう。

⑥　タタミベッドはスノコ

汗かきにはスノコの上に畳を配したベッドがピッタシ。畳も気持ちいいです。スノコで汗が抜けていきます。現在は同じ大きさのタタミベッドを二つ並べていますが、そのままでタタミ部屋にもなります。

⑦　日々、温熱環境のデータを記録

外気温、棟温、湯温、室内温を日々記録。これらをグラフにすると特に冬季に外気温度と室内温度には差があることがよく分かります。またこれらの記録から、補助暖房の使い方について、学習をしています。
（築14年のリフォームの一環でモニターを改修し、これらの記録はオンライン化できました。パソコンで管理しています。）

⑧　収納を多く確保

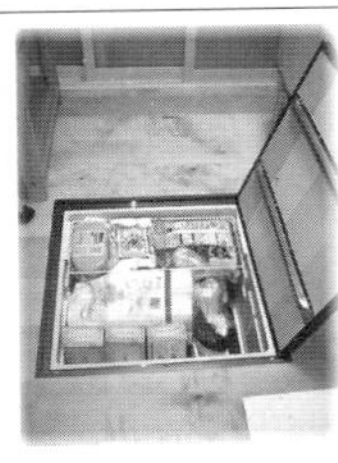

各部屋に収納を設けています。その部屋のものはその部屋に収納する。我が家の収納比率は２０％。余計なものが表に出てこなくて、いつもスッキリです。

Ⅳ.　健康編

すべての人に
健康と福祉を

質の高い教育を
みんなに

①　人間ドック、歯の定期検診

毎年、人間ドックで全身隅々のチェックをします。歯も定期的に検診を実施。早めに治療することで、治療費も安く済みます。

②　手洗い、うがいはしっかり

家に帰ってきての手洗い、うがいはしっかりとします。風邪の季節は特に大事です。外からの菌を持ち込まないようにします。

③　食事後は歯磨き、さらに歯間ブラシ

食事後の歯磨きは当たり前ですが、さらに歯間ブラシやデンタルフロスで仕上げです。歯は一生もの。大事にします。

④　薬は飲まない

極力薬は飲まないようにしています。自分の力で直すこと、そのためには普段からの鍛錬が必要です。

⑤　朝のラジオ体操

一日のスタートは、朝のすがすがしい空気を吸いながらのラジオ体操。目の前に公園の緑が広がり、とても気持ちのいいものです。

⑥　早寝早起き

早寝早起きで一日が長く使えます。夜更かしはやめましょう。５時半に起きれば仕事がうまくいくという本もあります。

⑦　定期的なスポーツ

健康づくりは普段のスポーツから。平日は散歩、ジョギング、週末のテニスは楽しみでもあります。ときには山登り。これも爽快です。

⑧　階段は２段上がり

階段は２段上がりを習慣化。これで体力アップ、登山の練習にもなります。会社では２アップ、３ダウンが基本。上２階、下３階の階段優先で、エレベータは極力使わないようにします。

⑨　筋トレで体力向上

腕立て伏せ、腹筋、背筋のトレーニングは、体に筋肉が付いて体幹の維持向上になります。そのための器具は使いません。ソファの足の隙間に足を入れて実施できます。

⑩　近くの店へは徒歩で、日々の通勤は１停留所前でバスを降りる

近くへの用は徒歩・自転車で行きます。なるべく歩くことを心がけています。その地域のすてきな庭の木々、花をみながら散歩も兼ねます。リュックで出掛けるといつ買物になっても楽です。日々の通勤では１停留所前でバスを降りて歩きます。結構な距離になります。

V.　仕事編

気候変動に具体的な対策を

平和と公正をすべての人に

パートナーシップで目標を達成しよう

①　後輩の若者の相談相手になろう

人生の最高の目的は人材を残すこと、次に事業を残す、最後はお金を残すことのようです。よりよい未来へと導くための思いやりです。

②　靴は歩きやすいウォーキングシューズ

紳士靴も場合によっては履きますが、普段は歩きやすいウォーキングシューズです。黒色なので一見紳士靴にも見えます。

③　紳士靴の底は減ったら張替え

紳士靴は外装よりも底がよく減ります。底は減っても張替えればまた新品へ変身。シューズ補修の店はあちこちでよく見かけます。

④　ランチはできたてを

会社に売りに来る弁当は安いが冷たい。毎日のことなので、外へ行って出来立てを食べます。

⑤　タクシーには極力乗らず歩き、交差点等では要注意。運転手の目を見る

ちょっとした距離ではタクシーには乗りません。天神—博多間は２ｋｍ。公共交通機関よりも時間があればなるべく歩きます。歩くことで新たな街の発見もあります。ただ交差点等で車と近いときなど、車の動きを捉えるのにその車の運転手の目を見ます。車の暴走で歩行者へ突っ込んでくる事故が絶えません。車同士でも、交差点でこちらが青でも用心して左右を確かめます。

⑥　地域への社会貢献活動への参加

会社も社会の公器、会社を通しての社会貢献活動も積極的に参加します。集団献血、植林や草刈りなどの森林を守る活動、プラスチックなどのゴミ拾いによる砂浜保全活動などなど。

〈参考文献一覧〉

■　未来の子どもたちを守る家　ゼロ炭素社会の住まいづくり
著　者：小山貴史
発行所：株式会社創樹社

■　よく分かる住まいづくり　2019 年度版
今、家を建てるなら「ＺＥＨ」～家族にも家計にも優しいこれからの家～
編　集：日本プレハブ新聞社編集部
発行所：日本プレハブ新聞社

■　健康・快適なＺＥＨのつくり方　工務店と設計者の新常識
著　者：一般社団法人　ＺＥＨ推進協議会
発行所：株式会社学芸出版社

■　お金と健康で失敗しない　間取りと住まい方の科学
著　者：松尾和也
発行所：株式会社　新建新聞社

■　エコハウスのウソ２
著　者：前　真之
発行所：日経ＢＰ

〈関係会社一覧〉

■　建築、設備全般
エコワークス株式会社　福岡オフィス
〒 812-0878　福岡県福岡市博多区竹丘１－５－38
TEL 092-404-9200
http://www.eco-works.jp/

■　太陽光発電パネル
株式会社九州オーデン
〒 811-1323　福岡県福岡市南区弥永２－11－６
TEL 092-574-1254

■　テスラ蓄電池
ＪＨＳ株式会社
〒 720-0824　広島県福山市多治米町１丁目 16－20
TEL 084-981-5333

■　Ｖ２Ｈ
ＦＯＵＲ・ＳＥ株式会社
〒 861-0316　熊本県山鹿市鹿本町下高橋１５４
TEL 0968-42-9001

■　実証実験
アークエルテクノロジーズ株式会社
〒 810-0041　福岡県福岡市中央区大名２－６－11
Fukuoka Growth Next
TEL 092-834-3223
https//aakel.co.jp

＜著者略歴＞

薗田　徹弥（そのだ　てつや）

1954年福岡生まれ。京都大学工学部電気工学第二学科卒。
1976年日本電信電話公社に入社後、電話交換機を中心とする通信ネットワークの開発、設計、建設、運営に従事。
1999年ＮＴＴ西日本、2004年ＮＴＴネオメイト九州、2006年ＮＴＴネオメイトにおいて企業通信ネットワーク、企業通信システムの運営業務に従事。
2007年ＮＴＴネオメイト九州支店ＩＴビジネス部長を最後にＮＴＴグループを退職後、西部電気工業株式会社事業開発室長、2010年同事業開発部長、2013年同坪井再開発プロジェクト担当部長。熊本市中心市街地における再開発事業に10年従事し、ＳＤＫ熊本ビルを完成。2020年同社を退職して現在に至る。
趣味はテニス、登山、マラソン、コントラクトブリッジ。

薗田　啓子（そのだ　けいこ）

1957年熊本生まれ。福岡女学院短大卒。
1978年日動火災海上保険入社、1981年結婚を機に退社。現在に至る。
梅原清山（日展参事）先生に師事。読売書法会幹事。
書道教室を開塾、子女の教育に当たる。
趣味はガーデニング、登山、音楽鑑賞、料理。

著書『終の棲家づくり　妻のこだわり　夫のちえ』
　　2010年10月10日　初版1刷発行　梓書院

ＺＥＨ（ネット・ゼロ・エネルギー・ハウス）で快適（かいてき）な家（いえ）づくり――夫婦（ふうふ）で、築（ちく）13年目（ねんめ）のチャレンジ

2023年3月31日初版1刷発行

著　者　薗田徹弥
　　　　薗田啓子
発行者　田村志朗
発行所　㈱梓書院
　　　　福岡市博多区千代3-2-1
　　　　TEL 092-643-7075　FAX 092-643-7095
　　　　印刷・製本／青雲印刷

ISBN978-4-87035-761-7